AVIVAMENTO SUSTENTÁVEL

EDUARDO NUNES
Prefácio por Andy Byrd

AVIVAMENTO SUSTENTÁVEL

O DESPERTAR DA IGREJA PARA A TRANSFORMAÇÃO DE NAÇÕES

Todos os direitos deste livro são reservados pela Editora Quatro Ventos.

Editora Quatro Ventos
Avenida Pirajussara, 5171
(11) 99232-4832

Proibida a reprodução por quaisquer meios, salvo em breves citações, com indicação da fonte.

Diretor executivo: André Cerqueira
Editora-chefe: Sarah Lucchini
Gestora de Projetos: Acsa Gomes
Equipe Editorial:
Ana Paula Gomes Cardim
Gabriella Cordeiro de Moraes
Hudson M. P. Brasileiro
Marcella Passos
Natália Ramos Martim
Rafaela Beatriz Santos
Revisão: Eliane Viza B. Barreto
Equipe de Projetos:
Ana Paula Dias Matias
Coordenação do projeto gráfico: Ariela Lira
Diagramação: Rebeca R. C. Gobor
Capa: Vinícius Lira

Todas as citações bíblicas e de terceiros foram adaptadas segundo o Acordo Ortográfico da Língua Portuguesa, assinado em 1990, em vigor desde janeiro de 2009.

Todo o conteúdo aqui publicado é de inteira responsabilidade do autor.

Todas as citações bíblicas foram extraídas da Almeida Revista e Atualizada (ARA), salvo indicação em contrário.

Citações extraídas do *site https://www.bibliaonline.com.br/ara*. Acesso em março de 2022.

1ª Edição: Abril 2018
2ª Edição: Maio 2022
1ª Reimpressão: Junho 2025

Catalogação na publicação
Elaborada por Bibliotecária Janaina Ramos – CRB-8/9166

N972

Nunes, Eduardo

Avivamento sustentável: o despertar da Igreja para a transformação de nações / Eduardo Nunes. – 2. ed. – São Paulo: Quatro Ventos, 2022.

204 p.; 14 X 21 cm

ISBN 978-65-89806-40-0

1. Reavivamentos. 2. Despertar religioso - Cristianismo. 3. Transformação. 4. Igreja. I. Nunes, Eduardo. II. Título.

CDD 269

SUMÁRIO

PARTE I
O DESPERTAR DA IGREJA

CAPÍTULO 1: **O DESPERTAR DA IGREJA**	25
CAPÍTULO 2: **ARREPENDEI-VOS**	31
CAPÍTULO 3: **VOLTANDO AO PRIMEIRO AMOR**.......................	51
CAPÍTULO 4: **SEJAM CHEIOS DO ESPÍRITO**	73

PARTE II
A GRANDE ONDA DE SALVAÇÃO

CAPÍTULO 5: **OS CAMPOS ESTÃO BRANCOS**	89
CAPÍTULO 6: **O ESPÍRITO DO SENHOR ESTÁ SOBRE MIM**	99
CAPÍTULO 7: **IDE POR TODO O MUNDO**	107
CAPÍTULO 8: **MOVIDOS POR COMPAIXÃO**	119
CAPÍTULO 9: **NÃO PODEMOS FICAR CALADOS**	129

PARTE III
DISCIPULANDO AS NAÇÕES

CAPÍTULO 10: **FAZEI DISCÍPULOS DE TODAS AS NAÇÕES**	143
CAPÍTULO 11: **E VIU DEUS QUE ERA BOM**	153
CAPÍTULO 12: **A VERDADE VOS LIBERTARÁ**	161
CAPÍTULO 13: **VOCÊ NASCEU PARA UM TEMPO COMO ESTE**	171

PARTE IV
LEGADO E FAMÍLIA

CAPÍTULO 14: **PONHA SUA CASA EM ORDEM**	181
REFERÊNCIAS BIBLIOGRÁFICAS	199

ENDOSSOS

"Tive o privilégio de conhecer o Eduardo no começo de sua caminhada com o Senhor, e a paixão incendiária já estava em seu coração. Sou testemunha de que esse fogo só aumentou de lá para cá, e tenho certeza de que esta obra acenderá muitos corações para aquilo que vem do coração do Pai. Apertem os cintos!"

RODOLFO ABRANTES
Líder de adoração, compositor e missionário

"Eduardo Nunes é uma voz que Deus tem levantado para despertar uma geração. Tenho acompanhado sua trajetória e vejo como sua mensagem tem apontado os próximos passos para um avivamento culminar em transformação de sociedades. Neste livro, ele compartilha chaves e princípios que são imprescindíveis para que o despertar que estamos vivendo seja revertido em um genuíno discipular de nações. Eduardo é um homem apaixonado pela causa do Reino, e sua paixão por um avivamento sustentável é notória nestas páginas."

TEÓFILO HAYASHI
Fundador do Dunamis Movement, escritor e pastor sênior da Zion Church

"Por décadas, tenho orado para ver Deus se mover por intermédio de um avivamento. De estádios lotados a indivíduos sendo tocados, já posso ver essa oração sendo atendida. Sinto-me muito encorajado pela vida do Eduardo e pela forma como ele se posiciona para ver Deus sustentar o avivamento. Sua paixão pelo mover de Deus e seu amor pela autenticidade são chaves para esta geração! Encorajo você a encarar este livro como um combustível para a chama da busca eterna pelo mover de Deus em sua cidade e nação."

LOU ENGLE
Fundador do The Call

DEDICATÓRIA

Dedico este livro aos três maiores presentes que Deus me deu.

- À minha preciosa esposa, Kristin, uma parceira para todos os momentos, exemplo de amor ao próximo e obediência a Deus. Você me leva para mais perto de Jesus.

- Ao meu amado filho, Joshua Brave. O seu nascimento foi uma verdadeira inspiração para a produção deste livro. Certamente você faz parte da geração de avivalistas e reformadores que mudarão o mundo.

- À minha pequena princesa, Hadassah Grace. Todas as vezes que olho para você, sou lembrado da bondade e do amor de Deus.

Não posso imaginar minha vida sem vocês.

AGRADECIMENTOS

- A Deus, meu Senhor e dono. Toda glória seja dada a Ele!

- A Jesus, meu Salvador e Rei. Que cada palavra deste livro seja para adorá-lO.

- À minha mãe, Ofélia, e avó, Noêmia, por me instruírem no caminho em que eu deveria andar. Vocês são verdadeiros exemplos de compaixão e perseverança.

- Ao meu pai na fé, Téo Hayashi, por acreditar no chamado de Deus para minha vida. Obrigado por nunca se cansar de investir em mim. Seus ensinamentos inspiraram profundamente esta obra.

- À liderança do Dunamis Movement. Vocês me empurram diariamente para fora da zona de conforto e me ensinam a acreditar no impossível por meio da fé em Jesus.

- Ao conselho da Zion Church. O amor que vocês têm pela Igreja de Cristo é inspirador.

• À Zion Lisboa. É uma grande honra caminhar com vocês. Vocês me motivam a ser mais parecido com Cristo e buscar mais a presença de Deus.

• Ao meu pai e aos meus irmãos por participarem dos melhores e também dos mais difíceis momentos da minha vida. Amo vocês com todo o meu coração.

• À Sarah Lucchini e à equipe da Editora 4 Ventos por todo trabalho árduo e excelência. Este livro não seria possível sem vocês.

• Àqueles que se entregam plenamente a Deus, a fim de que o Evangelho de Jesus Cristo alcance e salve o perdido e transforme nações.

PREFÁCIO

Lembro-me claramente do dia em que tive certeza da minha salvação. Cresci em um lar cristão e sempre fui cercado pelas tradições e cultura do cristianismo. No entanto, sempre sentia que algo estava faltando. Não conseguia me conformar com o fato de entregar minha vida plenamente a Deus e ter como resultado disso um cristianismo complacente, baseado em tédio e repleto de complexidades. Eu não tinha muito conhecimento sobre a vida e a respeito de Deus, mas sabia o suficiente para entender que o que eu estava experimentando achava-se muito longe de tudo o que havia lido nas Escrituras.

Aos 18 anos, encontrei um Deus que me amava e, pela primeira vez, soube que havia nascido de novo. Eu estava vivo! Não era uma fórmula, tradição ou religião; mas uma nova vida cheia de alegria e da presença de Deus. Isso me lançou a uma jornada na qual permaneço até hoje!

O avivamento começa no coração, espalha-se para as massas e impacta massivamente a sociedade. É o direito de primogenitura da Igreja, a herança do Filho, a obra do Espírito e o anseio do Pai. Viver de outra maneira é diminuir o poder do sangue de Jesus, decepcionar o coração do Pai e ignorar o poder do Espírito Santo. Não se pode adotar uma abordagem honesta às Escrituras sem encontrar avivamento em quase todas as histórias, em todas as épocas, envolvendo todas as personagens.

Que venhamos amar a Deus com uma devoção sincera e de todo o coração, a fim de que o Evangelho venha transbordar de nossa própria vida e igreja, e impactar radicalmente um mundo perdido e moribundo!

Eduardo Nunes nos deu um tesouro precioso nas páginas deste livro. Ele nos convidou a mergulhar em um mar de verdade e removeu camadas de mentiras e obstáculos para nos convidar a experimentar um novo despertar: sermos avivados até o ponto de nos tornarmos um avivamento! Passamos por uma reforma pessoal para nos tornarmos uma reforma!

Tive a imensa honra de trabalhar com ele nos últimos anos e observar sua vida de perto. Posso afirmar que ele é um homem cujo coração foi incendiado pelo amor de Deus e pelo amor ao próximo! Ele é uma voz jovem fundamentada na verdade, uma trombeta que declara o coração do Pai.

Minha oração por todos os que lerem este livro é que tenham ouvidos para ouvir e olhos para ver. Os olhos do Senhor passam por toda a Terra em busca daqueles a quem Ele possa chamar de amigos. Você está ouvindo? Você está disponível? Está disposto a odiar o pecado? Está disposto a amar a Deus com tudo o que há em você?

John Wesley disse uma vez que poderia abalar o mundo se, simplesmente, tivesse cem homens que não temessem nada senão o pecado, e que não desejassem nada senão Deus! Será que você é um desses homens ou até melhor que eles?

Em determinada ocasião, Jesus contou uma história a respeito de um tesouro escondido em um campo. Na parábola, certo homem simples tropeçou na quina daquele tesouro enterrado, retirando terra suficiente para captar sua atenção. Sua curiosidade foi despertada. Ele se abaixou, limpou a tampa e encontrou uma maneira de abrir a caixa que ficava logo abaixo da superfície. Para sua surpresa, não era uma caixa comum. Ela continha um tesouro maior que qualquer outra coisa que ele jamais tinha visto em sua vida. A sabedoria substituiu sua curiosidade, e ele vendeu tudo o que tinha para comprar aquele campo aparentemente vazio e empoeirado. Quão tolo ele deve ter parecido para todos os seus amigos. Quão tolo aos olhos do mundo e quão sábio aos olhos de Deus, e isso porque debaixo daquela superfície empoeirada havia um tesouro que intrigava sua mente.

Meu amigo, o Reino de Deus é esse tesouro! E não existe Reino de Deus sem avivamento. Esse tesouro está aguardando os homens e mulheres que são consumidos por seu valor, levados por uma fome espiritual e guiados pela sabedoria! Você está disposto a entregar tudo? Você vai comprar o campo?

Que este livro seja um catalisador para o seu despertamento espiritual e que o leve a depender de Deus, a fim de viver tudo o que Ele projetou para sua vida. Que ele o conduza para um *Avivamento Sustentável*!

Andy Byrd
Fundador do Fire and Fragrance e Circuit Riders, autor de *Fogo e fragrância*, membro da liderança da Universidade das Nações (UoN) e da base da Jocum em Kona

INTRODUÇÃO

Se há um assunto que tem sido muito discutido nestes dias, pelo menos dentro das igrejas, é o avivamento. Cada vez mais, temos ouvido histórias a respeito de cristãos famintos e apaixonados por Jesus, que têm orado, clamado, lido e cantado sobre avivamento. Nós até declaramos que ele tocará a nossa nação. Entretanto, apesar da movimentação em torno desse tema, ele ainda parece nebuloso e de difícil interpretação. A verdade é que não sabemos muito bem o que é avivamento nem como devemos nos comportar diante dele, assim como também não entendemos as formas de identificá-lo ou qual a sua importância nos dias atuais.

Infelizmente, em muitos lugares, o avivamento tem se tornado sinônimo de pessoas caindo e chocalhando sob uma unção, sendo tocadas pelo fogo do Espírito Santo e chorando, ou sendo curadas por intermédio do poder sobrenatural de Cristo. Mas não se trata disso. Talvez, em alguns momentos, esses acontecimentos sejam expressões do que pode ocorrer no ambiente em que o avivamento chega, contudo não o definem por completo.

Avivamento é mais do que uma sensação ou um culto instigante. É, literalmente, a realidade do Reino de Deus invadindo a Terra, e é por meio dela que experimentamos cura, salvação e restauração de sociedades falidas, bem como a destruição de vícios e sistemas corruptos. Não precisamos de avivamento para suprir sentimentos, mas porque carecemos de verdadeiros padrões celestiais estabelecidos em nosso cotidiano.

Não podemos nos contentar com o que estamos vivendo, precisamos de mais de Deus e do Seu Reino em nossas vidas e nos contextos em que estamos inseridos. Ao longo da História, o avivamento surgiu quando homens comuns foram mergulhados no desespero de trazer a realidade dos Céus para a Terra, mudando a sociedade e trazendo a revelação de que o Homem precisa de um salvador: Cristo!

Enquanto esteve na Terra, Jesus nos ensinou que o Reino de Deus se estabelecia quando demônios eram expulsos, perdidos eram salvos e enfermos curados pelo poder do Espírito Santo. Além disso, Seu Reino era estabelecido, também, quando famílias destruídas eram restauradas, pecadores se arrependiam e as diferentes facetas da sociedade eram impactadas pelo Espírito Santo. Para os tempos atuais, a regra continua valendo. Avivamento, portanto, nada mais é do que a soma de uma série de atos realizados pelo poder do Espírito Santo, que é responsável pela transformação de pessoas e reformas sociais. Jesus declarou: "Se, porém, eu expulso demônios pelo Espírito de Deus, certamente é chegado o reino de Deus sobre vós" (Mateus 12.28). Martyn Lloyd-Jones, um dos grandes teólogos do século passado, define avivamento como:

> [...] um período de bênção e atividade incomum na vida da Igreja Cristã. Avivamento significa despertar, estimular a vida, trazê-la para a superfície novamente. Isso ocorre primeiramente na Igreja de Deus, e entre os cristãos, e só depois é algo que também afeta os de fora.[1]

---

[1] LLOYD-Jones, Martyn. **Avivamento**. São Paulo: PES-Publicações Evangélicas Selecionadas, 2017.

O avivamento tem início quando a Igreja é visitada pelo poder de Deus, resultando em um despertar espiritual e um impulso para que ela seja sal e luz para o mundo (cf. Mateus 5.13-14). Não há duelo entre trevas e luz. No momento em que o Sol nasce, a escuridão é instantaneamente dissipada. Da mesma maneira, após colocarmos sal em algum alimento, não conseguimos mais voltar atrás, pois ele muda o sabor da refeição. O avivamento virá quando a Igreja for visitada sobrenaturalmente, de forma que o mundo inteiro verá a sua luz e provará do seu sal, conforme o evangelho de Mateus revela:

> Vós sois o sal da terra; ora, se o sal vier a ser insípido, como lhe restaurar o sabor? Para nada mais presta senão para, lançado fora, ser pisado pelos homens. Vós sois a luz do mundo. Não se pode esconder a cidade edificada sobre um monte; nem se acende uma candeia para colocá-la debaixo do alqueire, mas no velador, e alumia a todos os que se encontram na casa. (Mateus 5.13-15)

Contudo, para isso, precisamos de um avivamento sustentável. E, nesse contexto, não somente os "perdidos" verão a Luz por meio da Igreja, mas também todas as pessoas nas mais diferentes áreas da sociedade. A luz de Cristo será vista na esfera da educação; as artes e entretenimento serão alcançados com o sal de milhares de avivalistas e reformadores com suas músicas, filmes, peças de teatro e danças. Similarmente, acontecerá em todas as outras esferas, sejam elas quais forem.

Dentro disso, é necessário observar o que Isaías disse: "Dispõe-te, resplandece, porque vem a tua luz, e a glória do

Senhor nasce sobre ti. Porque eis que as trevas cobrem a terra, e a escuridão, os povos; mas sobre ti aparece resplendente o Senhor, e a sua glória se vê sobre ti" (Isaías 60.1-2).

Todos os avivamentos que aconteceram ao longo da História surgiram em períodos em que o mundo se encontrava em trevas. É possível que, ao olharmos para o cenário político de nosso país, consigamos facilmente detectar o que Isaías queria dizer a respeito de trevas cobrirem a Terra. Talvez o que nos faça chegar a essa constatação seja o racismo, a pobreza ou o estado crítico de nossas famílias. Nos lares cristãos existe a mesma taxa de divórcio que há entre casais não convertidos. Violência, prostituição e corrupção são apenas algumas das infinitas manifestações das trevas que temos visto permear a Terra. E é por esses e outros motivos que precisamos de um avivamento.

É inegável que a escuridão existe, mas, ao entendermos a existência da Luz, o poder que ela tem de dissipar as trevas e a responsabilidade que temos de carregá-la, passamos a nutrir a certeza de triunfo. Por outro lado, quando nos negamos a levar a Luz por onde vamos e nos conformamos com a situação decadente deste mundo, caímos na errônea convicção de que ir aos cultos de domingo é a única coisa que devemos fazer, abraçando uma religião que prega a consciência limpa diante dessa realidade. Assim, nos dirigimos à igreja a cada final de semana, entregamos nossas ofertas, sabemos o momento certo de levantar as mãos, nos sentar e dizer alguma coisa, mas simplesmente não brilhamos a Luz que vive em nós. Se achamos que a solução para um mundo contaminado por trevas virá somente de nossas idas aos cultos, estaremos, na melhor das hipóteses, redondamente enganados. É por esse motivo que os de fora não têm conseguido ver esperança na Igreja; ainda não estamos caminhando debaixo da revelação de Isaías 60, que afirma que, ainda que o Planeta esteja em sombras, a glória do Senhor resplandecerá.

Além dessa revelação, para que o avivamento aconteça de maneira sustentável e bíblica, são necessárias três fases. A primeira delas é o despertar da Igreja, desencadeando, assim, a segunda, chamada onda de salvação ou colheita de almas, que culmina na terceira e última: reforma ou transformação social por meio do discipulado das nações.

Neste livro, portanto, trataremos dos aspectos que indicam a chegada de um avivamento sustentável. Veremos, também, o que precisamos fazer para obter um estilo de vida coerente, que resulta, antes de mais nada, em amar a presença de Deus.

A minha oração é que o seu coração seja incendiado enquanto lê estas páginas, a fim de que esse fogo o leve a clamar ao Senhor para que faça, mais uma vez, o que já fez no passado e ainda mais. Por isso, o meu desejo não é compartilhar testemunhos que apenas marquem sua vida, mas que o transformem e o mantenham queimando. Quero dividi-los de maneira profética, crendo que essa é somente uma pequena parte do que Deus anseia realizar em nossa nação — e em nós, individualmente. O que Ele procura são homens e mulheres que O desejem profundamente e que estejam dispostos a Lhe dar liberdade. À medida que cremos e oramos por avivamento, abrimos espaço para que a realidade dos Céus invada a Terra; e é exatamente com isso que a definição de avivamento se parece.

PARTE I
O DESPERTAR DA IGREJA

CAPÍTULO 1
O DESPERTAR DA IGREJA

A Igreja esteve dormindo, mas agora ela despertou e está colocando sua armadura, marchando triunfalmente. Mas não se engane: Deus não pode fazer uma grande obra por meio de você sem que primeiramente faça uma grande obra em você.

Evan Roberts

Em 1738, a Inglaterra estava mergulhada em uma de suas épocas mais escuras, contando com o maior índice de alcoolismo que a nação já havia presenciado e uma taxa progressiva de mortes por causa do inverno rigoroso. Além disso, operários trabalhavam mais de 16 horas por dia, enquanto a outra parte da população sofria com o crescente percentual de desemprego. Corrupção e violência devastavam o país, crianças trabalhavam nas fábricas, e a Igreja não tinha nenhuma relevância na sociedade. Isso sem contar a prostituição infantil, que assolava os menores. Paralelamente, entretanto, um homem ouvia a pregação de um missionário moraviano e experimentava algo que mudaria sua vida para sempre. Conhecida como a "experiência do coração estranhamente aquecido", esse foi o momento em que a glória do Senhor e o toque do Espírito Santo invadiram o interior de John Wesley.

Após seu encontro com a presença de Deus, algo despertou dentro dele; já não estava satisfeito em participar apenas de reuniões cristãs aos finais de semana, regadas com leituras bíblicas e práticas de jejum e oração. A partir dos irmãos John e Charles Wesley, bem como George Whitefield, apesar da crise instalada na Inglaterra no século XVIII, a nação experimentou mudanças extraordinárias, a começar pelo combate à escravidão, a humanização de presídios, a luta por salários dignos aos operários e o oferecimento de ensino básico para crianças pobres — além das milhares de conversões. Essas foram algumas das transformações geradas como consequência desse encontro. É isso o que acontece quando o Céu invade a Terra.

Dentro do contexto de avivamento, a primeira mudança sempre teve início por meio da Igreja. No segundo livro de Crônicas, Deus estabelece a condição para a cura da Terra: o despertamento de Seu povo para buscá-lO. Isso quer dizer que o Senhor não vincula a cura ou o avivamento da nação ao arrependimento e despertar de toda a população, mas daqueles que são tementes a Ele, ou seja, daqueles que fazem parte de Sua família.

As Escrituras afirmam que "se o meu povo, que se chama pelo meu nome, se humilhar, e orar, e me buscar, e se converter dos seus maus caminhos, então, eu ouvirei dos céus, perdoarei os seus pecados e sararei a sua terra" (2 Crônicas 7.14).

Não são todos de uma nação que precisam de despertamento para que o Céu a invada. Talvez seja necessária apenas uma pessoa; alguém como William Seymour, no avivamento da Rua Azusa; ou Evan Roberts, no avivamento de Gales; ou ainda John Wesley, na Inglaterra. O importante é entendermos não só a necessidade do despertar da Igreja, mas o quanto de autoridade nos foi entregue para mudar o mundo. O evangelista nos diz:

> Também eu te digo que tu és Pedro, e sobre esta pedra edificarei a Minha Igreja, e as portas do Inferno não prevalecerão contra ela. Dar-te-ei as chaves do Reino dos Céus; o que ligares na Terra terá sido ligado nos Céus; e o que desligares na Terra terá sido desligado nos Céus. (Mateus 16.18-19)

As portas do inferno não prevalecerão contra o Corpo de Cristo! Isso nos garante que você e eu estamos no ataque. Não somos uma Igreja que está se protegendo de um mundo corrompido; somos aquela que que ataca. Quando Jesus reconquistou a autoridade que estava nas mãos de Satanás, por intermédio de Sua morte e ressurreição, Ele decidiu entregá-la para a Igreja. Essa é a razão da necessidade de levantarmos para que um avivamento aconteça, pois, sem autoridade, ele simplesmente não pode existir. Temos poder, por meio de Cristo, para estabelecer o Seu Reino por onde quer que formos. Antes, porém, precisamos entender a profundidade disso.

Quando Jesus fez a oração do Pai Nosso, em Mateus 6, Ele não a fez para o próximo milênio, e sim para aquele momento:

> Venha o Teu Reino; faça-se a Tua vontade, assim na Terra como no Céu. (v.10)

"Assim na Terra como no Céu". No Céu, não há corrupção. Não existe imoralidade sexual, famílias destruídas, enfermidade ou depressão. Quando Jesus pede "venha o Teu reino; faça-se a Tua vontade, assim na Terra como no Céu", Ele está clamando ao Pai que libere sobre a Terra a mesma cultura que governa o Reino celestial.

Contudo, é importante termos consciência de que essa oração só foi liberada por Jesus quando os discípulos Lhe pediram que os ensinasse a orar. Agora, se Ele fez essa oração como uma forma de ensinamento aos Seus seguidores, isso sugere que esse mesmo modelo, liberado há milhares de anos, ainda funciona hoje — "assim na Terra como no Céu" —, agora e para sempre. Naquela empresa que trabalhamos: "Assim na Terra como no Céu". Na universidade onde estudamos: "Assim na Terra como no Céu". Em nossa família: "Assim na Terra como no Céu". Quando nos deparamos com um enfermo: "Assim na Terra como no Céu". Quando estivermos diante de alguém que vive em uma situação tão difícil que lhe minou qualquer esperança: "Assim na Terra como no Céu". Essa foi a autoridade delegada para a Igreja.

Entretanto, se a Igreja tem autoridade sobre as obras do Inimigo, por que vemos tanta desgraça no mundo?

Não foram poucas as vezes que me fizeram essa pergunta, referindo-se ao contraste entre a bondade do Senhor e algumas desgraças recorrentes na humanidade, como a fome. A verdade é que Ele não criou nação alguma para que o povo que nela vive fosse morto pela fome. No entanto, decisões erradas e iniquidades aproveitaram a oportunidade para instalar caos, tragédias e trevas. Estas nada mais representam do que a ausência de luz. Mesmo sendo Deus Onipresente, em regra Ele escolhe

Se manifestar em lugares onde é representado por Seu povo. Apenas um despertamento da Igreja gloriosa de Jesus poderá trazer o alinhamento da verdade dos Céus sobre a Terra.

Esse despertamento da Igreja, porém, assim como o nosso despertar pessoal, só encontrará espaço para acontecer quando for precedido por três cenários: arrependimento, paixão pela presença de Deus e derramar do Espírito Santo. E é exatamente sobre eles que discorreremos nas páginas a seguir.

CAPÍTULO 2
ARREPENDEI-VOS

Muitos se arrependem o suficiente para serem salvos, mas nem todos se arrependem o suficiente para viverem a realidade do Reino de Deus aqui na Terra.

Bill Johnson

Assim como não existe ressurreição sem cruz, não pode existir avivamento sem arrependimento. É importante deixar claro que, antes de Deus nos usar, Ele precisará nos transformar; e Ele fará isso. Este é o passo número um em direção ao avivamento e a uma caminhada cristã genuína: precisamos aprender a nos quebrantar.

Samuel Chadwick, um notável pastor metodista, dizia que:

> O maior milagre ocorrido naquele dia (de Pentecostes) foi a transformação que se operou nos discípulos que aguardavam a promessa. Aquele batismo de fogo transformou a vida deles. Para vivermos um avivamento, precisamos estar dispostos a ser transformados segundo o caráter e a santidade de Cristo.[1]

---

[1] RAVENHILL, Leonard. **Por que tarda o pleno avivamento?** Belo Horizonte: Editora Betânia, 1989.

É tão triste e decepcionante ver pastores, pregadores, evangelistas e tantos outros querendo ser usados por Deus, mas sem desejarem se submeter às transformações. O arrependimento sempre será a primeira etapa para nos aproximarmos do Senhor e construirmos uma vida sólida n'Ele. Não há atalhos para a santidade. Não existe a possibilidade de amá-lO e continuar mantendo uma vida de transgressões. Precisamos fazer uma escolha, e, se optarmos por permanecer na Verdade, a mentira inevitavelmente terá de sair. A vida com Jesus não permite pecados escondidos, meias verdades ou corações aos pedaços. Ele quer tudo! E, se não estivermos dispostos a entregar tudo, não poderemos exigir que Ele faça o que não estamos dispostos a fazer; afinal, tal atitude seria extremamente arrogante de nossa parte.

Contudo, é inevitável que, enquanto estivermos nesta Terra, estejamos suscetíveis ao pecado. João nos diz que se afirmarmos que não pecamos, a nós mesmos nos enganamos, ou seja, todos estamos na batalha contra as vontades da carne:

> Se dissermos que não temos pecado nenhum, a nós mesmos nos enganamos, e a verdade não está em nós. Se confessarmos os nossos pecados, ele é fiel e justo para nos perdoar os pecados e nos purificar de toda injustiça. Se dissermos que não temos cometido pecado, fazemo-lo mentiroso, e a sua palavra não está em nós. (1 João 1.8-10)

Há, no entanto, uma diferença entre pecar e "viver em pecado". Quando é que "vivemos em pecado"? Quando temos consciência do nosso erro, mas não acreditamos na necessidade de mudança — o que nos faz permanecer como estamos. O arrependimento genuíno gera transformação de caráter e de atitudes. Isso significa que se não nos dispusermos à transformação, será hipocrisia clamar por avivamento.

Em nossa caminhada cristã, eventualmente pecaremos, o que delata um desvio de rota, um acontecimento que não faz mais parte da nossa nova natureza, isto é, uma tentativa de ressurreição do nosso velho homem. Porém, temos um Pai bondoso que está pronto para nos perdoar e restaurar, e é justamente por conhecermos a natureza divina que deveríamos dar boas-vindas ao arrependimento todos os dias pela manhã (cf. Lamentações 3.22-23). Deus não é um ser superior que nutre fúria e ânsia por punir pecadores. Temos, definitivamente, de abandonar nossos preconceitos e mentiras a respeito d'Ele, que é amoroso e sempre está pronto para nos restaurar e nos tornar melhores. Entretanto, precisamos nos envolver no processo de transformação que vem por meio do arrependimento e da vulnerabilidade perante o Senhor e Sua Palavra. Há festa nos Céus quando um pecador se arrepende.

Por outro lado, é bem verdade que soa bonito clamar por avivamento ou discutir a respeito desse tema. Parece tornar aquele que discute alguém espiritual, radical e profundo. Todavia, quando uma pessoa é rendida a Deus e mantém uma vida de arrependimento, os frutos são inconfundíveis e não precisam ser sustentados por discursos ou aparência.

Em Jeremias 18, capítulo que trata a respeito do oleiro e do vaso de barro, Deus fala que quem deseja ser usado por Ele precisa de arrependimento e quebrantamento. Não há exceções:

> Palavra do Senhor que veio a Jeremias, dizendo: Dispõe-te, e desce à casa do oleiro, e lá ouvirás as minhas palavras. Desci à casa do oleiro, e

eis que ele estava entregue à sua obra sobre as rodas. Como o vaso que o oleiro fazia de barro se lhe estragou na mão, tornou a fazer dele outro vaso, segundo bem lhe pareceu. Então, veio a mim a palavra do Senhor: Não poderei eu fazer de vós como fez este oleiro, ó casa de Israel? — diz o Senhor; eis que, como o barro na mão do oleiro, assim sois vós na minha mão, ó casa de Israel. (Jeremias 18.1-6)

O Senhor diz que nós somos como um vaso de barro em Suas mãos, o que é o maior de todos os privilégios. Temos a oportunidade de ser moldados pelo próprio Artista que nos criou. Contudo, precisamos entender que, antes de Deus nos usar de forma poderosa, Ele irá nos quebrantar profundamente. Devemos ser moldados segundo a Sua vontade, e isso envolve a nossa participação, já que temos liberdade para abraçar ou não esse processo. O poder de viver em transparência e vulnerabilidade está em nossas mãos, mas o fato é que, se não nos lançarmos ao quebrantamento e à transformação que vem da parte do Senhor, não estaremos aptos a ser agentes de avivamento.

Êxodo 4.24 nos ajudará a entender melhor esse conceito. Após o encontro marcante com o Senhor na sarça ardente, Moisés estava no deserto, seguindo para o Egito, a fim de cumprir seu chamado. Deus, então, aparece na hospedaria onde ele e sua família estavam e, por pouco, não o mata. Por que isso aconteceu? É possível que Deus seja bipolar? Veja bem, Moisés estava a caminho do cumprimento de seu chamado, indo em direção à vontade de Deus. Por que motivo o Senhor resolveria matá-lo? O verso seguinte nos dá a resposta:

Estando Moisés no caminho, numa estalagem, encontrou-o o Senhor e o quis matar. Então, Zípora tomou uma pedra aguda, cortou o prepúcio de seu filho, lançou-o aos pés de Moisés e lhe disse: Sem dúvida, tu és para mim esposo sanguinário. Assim, o Senhor o deixou. Ela disse: Esposo sanguinário, por causa da circuncisão. (Êxodo 4.24-26)

A circuncisão não veio com a Lei de Moisés, e sim pela aliança entre Deus e Abraão (cf. Gênesis 17). Naquele episódio, ambos firmaram um pacto que determinava a circuncisão, ao oitavo dia, de todo macho da linhagem de Abraão, e Moisés tinha conhecimento disso. Porém, este só foi liberto da morte após sua esposa, Zípora, ter feito a circuncisão, que era a consumação daquela aliança. Na passagem de Êxodo 4, Moisés representa alguém que tem um chamado, que teve contato com os sinais e maravilhas de Deus, mas que, até então, estava vivendo fora dos princípios estabelecidos por Ele. Não há possibilidade de viver o nosso propósito ou buscar avivamento genuíno se estivermos vivendo fora dos preceitos bíblicos. Zípora circuncidou seu filho com uma pedra aguda. A pedra representa a Palavra de Deus, pela qual precisamos ser moldados para estarmos em constante transformação.

Tiago nos diz que a Palavra é poderosa para salvar a nossa alma. O termo original para "salvar" é *sozo*, que significa "resgatar da destruição" ou simplesmente "restaurar".[2] A submissão à Palavra de Deus tem o poder de transformar nossa vida:

> Portanto, despojando-vos de toda impureza e acúmulo de maldade, acolhei, com mansidão, a palavra em vós implantada, a qual é poderosa para salvar a vossa alma. (Tiago 1.21)

---

[2] *SOZO* [4982]. *In:* DICIONÁRIO bíblico Strong. Barueri: Sociedade Bíblica do Brasil, 2002.

Percebo que, em nossos dias, acontece algo semelhante ao que ocorreu em Êxodo 4: muitos querem ser avivalistas sem viver debaixo dos princípios descritos nas Escrituras Sagradas. E isso não é apenas triste, mas preocupante, porque a única maneira de saber se estamos em pecado é olhando no espelho, que é a Palavra. Ela é a responsável por nos revelar os valores, as instruções e a vontade de Deus. Se não meditamos nela, permitindo que nos confronte, continuaremos vivendo sob regras próprias e correndo atrás de manifestações da Presença — o que seria algo fatal.

Talvez haja algo em você do qual precisa se livrar; e isso não é um problema insolúvel, porque, agora mesmo, é possível se arrepender. Peça perdão ao Senhor, e Ele lhe estenderá graça e misericórdia, que triunfa sobre o juízo (cf. Tiago 2.13).

É imprescindível entendermos que, independentemente do ponto em que estamos na vida cristã, precisamos que o arrependimento deixe de ser um evento e se torne um estilo de vida. Às vezes, trazemos à memória momentos em que nos arrependemos — em conferências, retiros e cultos com pregadores de fora da nossa comunidade —, mas isso não pode acontecer somente em ocasiões atípicas ou uma vez a cada cinco anos; necessitamos nos arrepender o tempo todo de nossos desvios, erros ou pecados. Quando não o fazemos frequentemente, nós nos colocamos em uma posição que impossibilita uma mudança real, afinal Deus só terá espaço para nos transformar à medida que nos arrependermos.

Diante disso, vale lembrar que a maior manifestação do nosso amor para com o Pai é a obediência à Sua Palavra. Jesus disse que aquele que O ama obedece aos Seus mandamentos e os guarda (cf. João 14.21). Logo, se amamos o Senhor de todo o nosso coração, isso deve ser evidenciado por meio de nossa submissão radical a Ele.

Leonard Ravenhill, um dos grandes avivalistas do último século, disse certa vez:

> Não há dúvida de que hoje precisamos novamente nos colocar de joelhos, escalar a colina do Calvário e contemplar a cruz com humildade e adoração. Primeiro a Igreja terá que se arrepender, depois, o mundo se quebrantará. Primeiro, a Igreja terá de chorar, depois, os altares ficarão cheios de pecadores arrependidos.[3]

É hora de voltar ao arrependimento, clamando não apenas por nós, mas também por nossa nação. O texto de 2 Crônicas 7.14 instrui: "se o meu povo, que se chama pelo meu nome, se humilhar, e orar, e me buscar, e se converter dos seus maus caminhos, então, eu ouvirei dos céus, perdoarei os seus pecados e sararei a sua terra".

Se o povo de Deus (não toda a nação) se humilhar, Ele promete o perdão dos pecados e a restauração da Terra. Isso quer dizer que a nossa vida de oração e quebrantamento pode impactar nossos familiares e amigos que estão longe de Jesus; e que o arrependimento da Igreja em prol dos perdidos, como um estilo de vida, pode mudar o curso de uma nação inteira.

Essa foi a postura de Daniel no cativeiro. Apesar da intimidade que tinha com Deus, ele se arrependeu por toda Israel, pois sabia que poderia ser usado para a restauração do povo.

---

[3] RAVENHILL, Leonard. **Por que tarda o pleno avivamento?** Belo Horizonte: Editora Betânia, 1989.

Ele não se contentou apenas com a sua saúde espiritual, mas desejou que todos fossem perdoados:

> Voltei o rosto ao Senhor Deus, para o buscar com oração e súplicas, com jejum, pano de saco e cinza. Orei ao Senhor, meu Deus, confessei e disse: ah! Senhor! Deus grande e temível, que guardas a aliança e a misericórdia para com os que te amam e guardam os teus mandamentos; temos pecado e cometido iniquidades, procedemos perversamente e fomos rebeldes, apartando-nos dos teus mandamentos e dos teus juízos. (Daniel 9.3-5)

Da mesma maneira, Neemias, quando soube por meio de seu irmão que as muralhas de Jerusalém haviam sido destruídas, chorou, rasgou suas vestes, entrando em um processo de pranto e arrependimento pela nação (cf. Neemias 1).

Em outras palavras, a nossa oração tem o poder de ir muito além da nossa própria vida. Se oramos apenas por nós mesmos, nossa motivação será egoísta. Chegou o momento de vivermos um Evangelho cristocêntrico e nos posicionarmos em busca de um romper sobrenatural de Deus para toda uma geração.

Contudo, assim como foi com Ester, Daniel, Neemias e tantos outros antes de nós, que se engajaram na luta pelo Reino e viveram um avivamento sustentável, temos um preço a pagar. Nossa geração precisa começar a perguntar: "Quanto custa?". Quanto custa viver um avivamento? Quanto de arrependimento, oração, mudança de estilo de vida está envolvido? Precisamos colocar nossa vida no altar, pois é esse tipo de pessoa que Deus usará para que o avivamento aconteça. Ele não precisa de milhões. Quando Jesus pregava, atraía multidões, mas tinha os 120, os 70, os 12 e os 3. Havia níveis de intimidade. Note que apenas Pedro, Tiago e João presenciaram a transfiguração de Jesus (cf. Mateus 17.1-8).

Nós podemos participar do que Deus está fazendo ao redor do mundo, mas, antes, precisamos aderir aos Seus padrões, pois Ele não abre exceções no que diz respeito aos Seus princípios; Ele não vai contra a Sua própria natureza santa. Se queremos ser usados no Reino, temos de seguir as regras estabelecidas. E a regra número um é o arrependimento. Em 1907, aconteceu um avivamento na cidade de Pyongyang, Coreia do Norte. Naquela época, alguns missionários coreanos ouviram falar de um avivamento que estava acontecendo no País de Gales e do despertar que havia caído sobre a Índia, e foram instigados a iniciar reuniões de oração para que aquele mesmo mover tocasse a Coreia. Dizem que em uma das reuniões, numa época próxima ao Natal, um dos líderes daquele grupo se posicionou, levantou a mão e disse: "Preciso dizer algo a vocês!". Todos os presentes ficaram empolgados e, pensando na revelação profética que viria a seguir, consentiram que ele continuasse. Então, o homem prosseguiu: "Eu queria pedir perdão! Quando o meu melhor amigo morreu, ele deixou sua herança comigo para que eu cuidasse de sua família, mas eu a gastei! Eu estou roubando o meu melhor amigo!". Enquanto confessava, lágrimas de arrependimento rolavam por seu rosto, e o soluço, aos poucos, foi embargando sua voz. Em seguida, outro pastor se levantou e disse: "Eu estou vivendo em adultério". Outro, seguindo o exemplo dos dois últimos, confessou: "Eu estou roubando a igreja!". Mais um se colocou em pé e admitiu: "Eu tenho problema com mentira". E assim, um a um, passou a confessar seus pecados; e, a partir daquele movimento, a Presença de Deus invadiu a Coreia. Se Deus pode usar até mesmo uma mula, o que Ele não fará com pecadores que se arrependem? Talvez isso seja um mistério que só desvendaremos na prática.

Quando Jesus começou a pregar a respeito da vinda do Reino dos Céus, ressaltou a importância do arrependimento: "O povo que jazia em trevas viu grande luz, e aos que viviam na região e sombra da morte resplandeceu-lhes a luz. Daí por diante, passou Jesus a pregar e a dizer: Arrependei-vos, porque está próximo o reino dos céus" (Mateus 4.16-17).

Todas as promessas de avivamento e despertar na Bíblia são condicionadas ao arrependimento. Não conseguimos nos alinhar com a vontade e as promessas de Deus sem que nos arrependamos de nossos maus caminhos. Ou seja, o povo que andava em trevas viu uma grande luz, mas só podemos passar desse reino de morte e trevas para o Reino de luz trilhando o caminho do arrependimento. Esse é o passaporte de entrada. Se nos arrependermos, poderemos fazer parte do time. No capítulo dois do livro do profeta Joel, encontramos o caminho para chegar até lá:

> Ainda assim, agora mesmo, diz o Senhor: Convertei-vos a mim de todo o vosso coração; e isso com jejuns, com choro e com pranto. Rasgai o vosso coração, e não as vossas vestes, e convertei-vos ao Senhor, vosso Deus, porque ele é misericordioso, e compassivo, e tardio em irar-se, e grande em benignidade, e se arrepende do mal. (Joel 2.12-13)

Mais adiante, ainda no mesmo capítulo, Joel continua profetizando: "E acontecerá, **depois**, que derramarei o meu Espírito sobre toda a carne; vossos filhos e vossas filhas profetizarão, vossos velhos sonharão, e vossos jovens terão visões" (Joel 2.28 – grifo do autor).

A condição para o derramar do Espírito sobre toda a carne é o que vem antes: arrependimento, quebrantamento, corações rasgados, jejuns e conversão completa ao Senhor. Em outras palavras, o profeta condicionou o liberar do Espírito Santo a um processo de metanoia e arrependimento. Tantas vezes, clamamos a Deus para que nos encha e derrame Seu poder sobre nós, quando o que Ele requer é que nos arrependamos, antes de mais nada.

É necessário que estejamos atentos e tenhamos em mente que a maior estratégia do Inimigo para nos roubar de um processo de arrependimento é trazer sobre nós vergonha e culpa. Ele quer nos manter acorrentados à vergonha, para que não tenhamos coragem de nos aproximar do Senhor e, assim, não consigamos nos arrepender, e, como consequência, ter nossos pecados perdoados e ser cheios da plenitude d'Ele. Quando falamos sobre arrependimento, não estamos abrindo espaço para acusação, e sim para restauração e redenção, pois é a própria bondade de Deus que nos conduz ao arrependimento, assim como aconteceu com Pedro na pesca maravilhosa:

> Vendo isto, Simão Pedro prostrou-se aos pés de Jesus, dizendo: Senhor, retira-te de mim, porque sou pecador. Pois, à vista da pesca que fizeram, a admiração se apoderou dele e de todos os seus companheiros, bem como de Tiago e João, filhos de Zebedeu, que eram seus sócios. Disse Jesus a Simão: Não temas; doravante serás pescador de homens. (Lucas 5.8-10)

Pedro se ajoelhou, ciente de seus pecados e imperfeições, e sentiu-se indigno de permanecer na presença do Mestre.

Jesus, por sua vez, não o acusou ou condenou, Ele destruiu o medo e declarou que Pedro seria um pescador de homens. Quando vivemos em arrependimento, expostos à bondade de Deus, somos transformados e recebemos nossa verdadeira identidade.

Deus nos ama, e o arrependimento foi a maneira estabelecida para restaurar nossa vida de acordo com o Seu padrão. Quando criou o homem, Ele disse que era muito bom, porque fora feito à Sua própria imagem e semelhança (cf. Gênesis 1.26-31). Toda tarde, o Senhor ia ao jardim do Éden, para se relacionar com Seus filhos. Deus ama passar tempo conosco. Ele é o nosso Pai. Pode até ser que você não tenha um pai biológico do qual possa se orgulhar, mas tenho boas notícias para lhe dar: sua mãe o carregou apenas durante nove meses, Deus, porém, carrega você há anos, e continuará fazendo isso. Você foi eleito n'Ele antes da fundação do mundo (cf. Efésios 1.4).

O sacrifício de Jesus nos dá o mesmo acesso à presença de Deus que Adão tinha antes que o pecado entrasse no mundo. Se o pecado entrou e ganhou poder por meio do primeiro Adão, ele perdeu o poder por intermédio do segundo (cf. Romanos 5.14; 1 Coríntios 15.45). Tudo o que precisamos abraçar para viver essa realidade é o processo de arrependimento. Aquilo que merecíamos, devido aos nossos pecados, caiu sobre Jesus na cruz do Calvário, e aquilo que Ele merecia foi entregue a nós, mas necessitamos de arrependimento e fé para nos apropriarmos disso; arrependimento das obras mortas, evidenciando o nosso desejo de mudança, e fé para receber, de fato, a herança que nos foi entregue por Jesus. A fé abre uma porta chamada graça (cf. Efésios 2.8), que vem com o intuito de não somente salvar, mas também transformar. Logo, é contraditório pregar o Evangelho para remissão de pecados se não estivermos dispostos a ser mais parecidos com Jesus.

No discurso de Pedro, em Atos 3, lemos que, após o arrependimento, temos acesso ao perdão dos pecados e a tempos de refrigério e renovo, também conhecidos como avivamento: "Arrependei-vos, pois, e convertei-vos para serem cancelados os vossos pecados, a fim de que, da presença do Senhor, venham tempos de refrigério, e que envie ele o Cristo, que já vos foi designado, Jesus" (Atos 3.19-20).

Isso quer dizer que o avivamento não pode ser confundido com manifestações sobrenaturais do poder de Deus, apesar de essas manifestações ocorrerem em temporadas de despertar espiritual. No entanto, é importante não nos esquecermos de que uma das principais evidências de Seu mover em determinada região é a grande ênfase no arrependimento. Repare no que ocorre em Mateus 11.20:

> Então Jesus começou a denunciar as cidades em que havia sido realizada a maioria dos seus milagres, porque não se arrependeram. (NVI)

Cristo denunciou as cidades em que a maioria de Seus milagres foram realizados, pois o mover sobrenatural não tinha sido acompanhado de arrependimento. Essas pessoas estavam expostas a milagres e maravilhas, mas isso não havia sido o suficiente para produzir arrependimento. Deveria nos gerar temor o fato de que podemos participar de cultos extremamente ungidos e, ainda assim, não termos as nossas vidas transformadas. Não podemos nos contentar com as experiências, precisamos permitir que o Espírito Santo de Deus nos transforme completamente de dentro para fora.

A palavra utilizada nesse texto para arrependimento é *metanoeo*, que significa "mudar a mentalidade".[4] Ou seja, o arrependimento não deve ser visto apenas como um choro ou desejo de transformação, uma vez que se trata de uma mudança radical de comportamento, provocada por uma completa renovação de mentalidade.

É por esse motivo que cultivar uma vida de arrependimento é tão importante. Levando isso em conta, discorrerei, a seguir, a respeito de quatro pontos essenciais que precisamos entender, a fim de alcançar esse padrão com mais facilidade:

1. NÓS PECAMOS

> Pois todos pecaram e carecem da glória de Deus. (Romanos 3.23)

O único homem que não pecou foi Jesus Cristo, e é por isso que Ele é qualificado para ser o nosso Salvador. O primeiro passo para a restauração é reconhecer que precisamos de perdão e transformação. É momento de deixarmos o orgulho de lado e nos aproximarmos, com humildade, da cruz.

Em Romanos 8.1, temos a garantia de que "[...] nenhuma condenação há para os que estão em Cristo Jesus, que não andam segundo a carne, mas segundo o Espírito" (ACF). Quando admitimos que somos pecadores e nos tornamos vulneráveis perante Deus, a Sua bondade nos leva ao arrependimento, e não à acusação (cf. Romanos 2.4). Essa é uma

---

[4] *METANOEO* [3340]. *In*: DICIONÁRIO bíblico Strong. Barueri: Sociedade Bíblica do Brasil, 2002.

verdade que, por si só, deveria fazer de nós o povo mais feliz da Terra. Ele nos perdoa, nos ama, nos aceita e nos transforma. Isso é — e precisa ser — suficiente.

2. NOSSOS PECADOS PRECISAM SER CONFESSADOS

> O que encobre as suas transgressões jamais prosperará; mas o que as confessa e deixa alcançará misericórdia. (Provérbios 28.13)

Após o reconhecimento de que necessitamos de perdão, a etapa seguinte é a confissão. Temos de confessar. Primeiramente ao Senhor, mas, muitas vezes, também é importante sermos vulneráveis com um cristão mais experiente, sábio e temente a Deus que nós, e que preferencialmente já tenha vencido na mesma área em particular. Esse ato colocará para fora aquilo que estava nos sufocando por dentro. Davi afirma que, enquanto esteve calado a respeito de seu pecado, foi definhando, mas recebeu perdão imediatamente após confessá-lo: "Confessei-te o meu pecado e a minha iniquidade não mais ocultei. Disse: confessarei ao Senhor as minhas transgressões; e tu perdoaste a iniquidade do meu pecado" (Salmos 32.5).

Nossos pecados são ofensas dirigidas a Deus, e Ele é o único que pode nos perdoar e santificar. Tiago nos dá uma fórmula para recebermos não apenas perdão — o que já seria maravilhoso —, mas também restauração: confessar os nossos pecados uns aos outros. Essa postura nos torna vulneráveis, mas também nos cura e quebra o poder da vergonha: "Confessai, pois, os vossos pecados uns aos outros e orai uns pelos outros, para serdes curados. Muito pode, por sua eficácia, a súplica do justo." (Tiago 5.16). Então, quando assumimos um estilo de vida de confissão de pecados e vulnerabilidade, o Senhor estará sempre nos restaurando à imagem e semelhança de Jesus.

3. SOMOS PERDOADOS DE GRAÇA

> Sendo justificados gratuitamente, por sua graça, mediante a redenção que há em Cristo Jesus. (Romanos 3.24)

Após o pedido de perdão e a confissão, somos perdoados instantaneamente. A nossa dedicação e esforço, por si só, não podem nos santificar; mas o que Jesus fez por nós na cruz é absolutamente suficiente para isso. E, pela graça de Deus, esse processo não demora semanas nem mesmo precisa ser pago com nossos esforços; é imediato e já foi conquistado pelos méritos de Cristo e Sua obra redentora.

Jesus é especialista em perdoar e restaurar. No momento mais difícil de Sua vida, ofereceu perdão ao ladrão que estava ao Seu lado (cf. Lucas 23.39-43). A Bíblia afirma que o Senhor não se lembra mais dos pecados que confessamos a Ele: "Eu, eu mesmo, sou o que apago as tuas transgressões por amor de mim e dos teus pecados não me lembro" (Isaías 43.25). Então, faça um favor a si mesmo e pare de se lembrar de coisas que Deus já esqueceu.

Lembro-me de um dia, logo quando comecei a caminhar com o Senhor, em que estava no meu quarto pedindo perdão por meus pecados, praticamente aos berros, enquanto me sentia submergido por acusação e culpa. Em meio à minha gritaria e pranto, o Espírito Santo me disse: "Eu não sou Baal". Fiquei sem entender o que Ele queria dizer, por isso decidi abrir na passagem em que Elias desafiava os profetas de

Baal (cf. 1 Reis 18.20-40). Lemos nesse trecho que Aquele que respondesse com fogo ao sacrifício seria o Deus de Israel. Esse era o desafio. Os profetas de Baal fizeram a primeira tentativa, porém não eram respondidos. Após um período de grande clamor, os profetas começaram a gritar e se mutilar para chamar atenção de seu deus, enquanto Elias zombava deles e os via fracassar novamente:

> Ao meio-dia, Elias zombava deles, dizendo: Clamai em altas vozes, porque ele é deus; pode ser que esteja meditando, ou atendendo a necessidades, ou de viagem, ou a dormir e despertará. E eles clamavam em altas vozes e se retalhavam com facas e com lancetas, segundo o seu costume, até derramarem sangue. (1 Reis 18.27-28)

Quando chegou a vez de Elias clamar ao seu Deus, restaurou o altar — com 12 pedras, uma para cada tribo de Israel —, colocou lenha sobre ele e pediu que fossem derramadas quatro jarras de água nele, sobre o novilho. Esse processo foi repetido quatro vezes. Após uma simples oração, o fogo do Senhor caiu e queimou completamente o sacrifício:

> Responde-me, Senhor, responde-me, para que este povo saiba que tu, Senhor, és Deus e que a ti fizeste retroceder o coração deles. Então, caiu fogo do Senhor, e consumiu o holocausto, e a lenha, e as pedras, e a terra, e ainda lambeu a água que estava no rego. O que vendo todo o povo, caiu de rosto em terra e disse: O Senhor é Deus! O Senhor é Deus! (1 Reis 18.37-39)

Enquanto lia essa história, o Senhor me disse: "O Meu sacrifício já foi aceito pelo Pai. Você não precisa gritar e se mutilar para ser perdoado. Eu sou o Cordeiro morto desde a fundação do mundo. Sou o Cordeiro justo que morreu para tirar o pecado do mundo de uma vez por todas. Eu sou o perfeito e eterno sacrifício!".

Naquele momento, senti o amor divino como se fosse uma cachoeira, invadindo meu coração e quebrando toda culpa. Não precisamos gritar, mutilar-nos e nos desesperar para sermos aceitos por Deus. Foi de graça que Jesus Se entregou, e é pela graça que vivemos. Sempre será pela graça (*sola gratia*). Não seremos salvos por nossos méritos, pelo tempo que conseguimos jejuar e orar, ou pela disciplina de manter nossos devocionais diários. Só podemos ter acesso a essa graça pela fé: "Porque pela graça sois salvos, mediante a fé; e isto não vem de vós; é dom de Deus; não de obras, para que ninguém se glorie" (Efésios 2.8-9).

4. FRUTOS DIGNOS DE ARREPENDIMENTO

> E eram por ele batizados no rio Jordão, confessando os seus pecados. Vendo ele, porém, que muitos fariseus e saduceus vinham ao batismo, disse-lhes: Raça de víboras, quem vos induziu a fugir da ira vindoura? Produzi, pois, frutos dignos de arrependimento. (Mateus 3.6-8)

Essa era a pregação de João Batista. O seu chamado era levar a mensagem de arrependimento verdadeiro ao povo, evidenciado por intermédio dos frutos. Nossas ações devem falar por si. Não temos de falar a respeito do nosso arrependimento, mas demonstrá-lo. Aquele que roubava, não roube mais; aquele que mentia, não minta mais; aquele que adulterava, não faça mais isso. É importante entendermos que se nossas obras permanecerem as mesmas, não houve arrependimento genuíno, porque a graça nos recebe como estamos, mas não nos deixa continuar como chegamos. Ela nos impulsionará e capacitará a sermos como Jesus.

Na carta a Tito, Paulo nos instrui dizendo que a graça se manifesta trazendo salvação e ensinando a todos os homens como renunciar à impiedade e às paixões humanas, fazendo também que estes vivam de maneira sensata, justa e piedosa (cf. Tito 2.11-12). Nós éramos pecadores e estávamos perdidos, mas cremos na obra redentora da cruz e fomos salvos pela graça, por meio da fé. Todavia, não para por aí. Esse favor imerecido não é uma muleta que serve apenas para nos auxiliar nos momentos em que pecamos, mas um poder sobrenatural que nos capacita a andar como Jesus andou. Quando falhamos, a solução é simples: basta voltar ao ponto número um: arrependimento. Nós chegamos como estamos, arrependemo-nos, confessamos e recebemos a graça que nos transformará.

CAPÍTULO 3
VOLTANDO AO PRIMEIRO AMOR

Oh, parecia que cada átomo do meu ser clamava por mais d'Ele. Eu conhecia fome física, mas, em toda minha vida, nunca havia experimentado uma fome física tão grande quanto a fome espiritual que eu tinha por Ele.

Kathryn Kuhlman

Para viver o avivamento é primordial entendermos que a presença de Deus é o nosso maior benefício. Em todos os dias da nossa vida, temos de nos apaixonar por Jesus, porque o despertar espiritual é condicionado ao amor e apreço por Sua presença, como resultado do arrependimento. A mesma recomendação dada à igreja de Éfeso — "Tenho, porém, contra ti que abandonaste o teu primeiro amor. Lembra-te, pois, de onde caíste, arrepende-te e volta à prática das primeiras obras [...]" (Apocalipse 2.4-5) — vale também para cada um de nós. Precisamos voltar ao primeiro amor constantemente. Independentemente das boas obras que a igreja praticava, esse retorno era algo que Jesus não estava disposto a negociar.

A igreja de Éfeso não era uma comunidade qualquer. Ela havia nascido de um poderoso mover do Espírito Santo (cf. Atos 19). A Bíblia nos diz que Paulo realizou milagres extraordinários ali; além disso, houve uma grande onda de salvação naquela cidade (cf. Atos 19.18). Essa igreja era extremamente competente. Estudiosos relatam que ela reunia de 20 a 25 mil membros. Eles resistiam à perseguição e perseveravam. Os que faziam parte dela eram os primeiros a chegar e os últimos a sair, trabalhavam muito, eram excelentes, evangelizavam como ninguém, eram servos e falavam o tempo todo de Jesus. Mas o Senhor tinha uma acusação seríssima contra eles: "[...] abandonaste o teu primeiro amor" (Apocalipse 2.4).

Jesus conhecia as obras daquela igreja e as rejeitava, como rejeitará também as nossas se vierem desacompanhadas de nosso coração:

> Conheço as tuas obras, tanto o teu labor como a tua perseverança, e que não podes suportar homens maus, e que puseste à prova os que a si mesmos se declaram apóstolos e não são, e os achaste mentirosos; e tens perseverança, e suportaste provas por causa do meu nome, e não te deixaste esmorecer. Tenho, porém, contra ti que abandonaste o teu primeiro amor. Lembra-te, pois, de onde caíste, arrepende-te e volta à prática das primeiras obras; e, se não, venho a ti e moverei do seu lugar o teu candeeiro, caso não te arrependas. (Apocalipse 2.2-5)

Uma igreja desperta não é apenas aquela que vive um processo de arrependimento e trabalha com excelência, mas a que continua queimando e amando a presença do Senhor como no início. Relembre a ocasião em que você teve o seu primeiro dia de amor por Jesus. Essa data não deve se tornar apenas um marco em sua memória, mas uma motivação constante para que você alcance lugares cada vez mais profundos em Deus. Qual foi a última vez em que você foi tocado pelo Seu fogo? Qual foi a última vez em que você chorou diante d'Ele?

Quando Jesus diz "lembra-te, pois, de onde caíste [...]" (Apocalipse 2.5), Ele está afirmando que nós já sabemos como chegar lá. Temos acesso àquele lugar. Nós nos lembramos de como nos sentíamos quando fomos incendiados por Cristo pela primeira vez. Acordávamos um pouco mais cedo, líamos a Bíblia, orávamos em entendimento e no espírito, e tínhamos nosso tempo diário de adoração. Jesus está dizendo, simplesmente, que devemos voltar a fazer o que nos levou a queimar em Sua presença. Porque não adianta fazer muito se não estamos apaixonados por ela. Nosso serviço cristão deve ter origem na presença do Senhor. A igreja precursora no avivamento será aquela que se arrepende, e é apaixonada por Jesus.

Em temporadas de avivamento, a paixão pela presença de Deus é sempre a prioridade. Sim, haverá muitos milagres, provisões, curas, sinais e maravilhas, mas pelo simples fato de permanecermos nesse lugar.

Foi isso o que Jesus quis dizer com a história de Marta e Maria, narrada no livro de Lucas:

> Indo eles de caminho, entrou Jesus num povoado. E certa mulher, chamada Marta, hospedou-o na sua casa. Tinha ela uma irmã, chamada Maria, e esta quedava-se assentada aos pés do Senhor a ouvir-lhe os ensinamentos. Marta agitava-se de um lado para outro, ocupada em muitos

serviços. Então, se aproximou de Jesus e disse: Senhor, não te importas de que minha irmã tenha deixado que eu fique a servir sozinha? Ordena-lhe, pois, que venha ajudar-me. Respondeu-lhe o Senhor: Marta! Marta! Andas inquieta e te preocupas com muitas coisas. Entretanto, pouco é necessário ou mesmo uma só coisa; Maria, pois, escolheu a boa parte, e esta não lhe será tirada. (Lucas 10.38-42)

Cristo disse que Marta estava cansada e ansiosa com muitas coisas, enquanto apenas uma era necessária: a Sua presença. Enquanto ela dava o seu melhor para servi-lO — e não havia nada de errado em fazer isso —, Maria estava aos pés do Mestre. O erro de Marta não foi trabalhar para Jesus, mas tentar ser útil antes de compreender o que Ele desejava. Trabalhar em prol do Reino de Deus sem primeiramente ouvi-lO, mesmo que tenhamos boa intenção, certamente nos levará ao ativismo e à religiosidade. O Senhor não quer nosso serviço se não tiver também o nosso coração.

Uma característica interessante a respeito do avivamento é que, quando ele está em atividade, os cultos não têm hora para acabar. O período determinado para a adoração nos avivamentos que temos conhecimento na História não era o suficiente, porque a Igreja se abandonava perante Deus. Eles não queriam saber quando voltariam para casa, o que iam comer ao final das reuniões ou o que tinham para resolver. Desejavam apenas permanecer ali e ficar repetindo: "Santo, santo, santo... toda a Terra está cheia da Tua glória" (cf. Isaías 6.3).

Quando somos despertados para o avivamento, valorizamos a presença do Senhor acima de tudo. Os milagres, sinais e maravilhas vêm, mas não nos deixam anestesiados, justamente porque não são o foco do avivamento. O epicentro é o Alfa e o Ômega, a brilhante Estrela da Manhã; Aquele que era, é, e há de vir; o Princípio e o Fim: Jesus Cristo (cf. Apocalipse 1.8; 22.13-16).

Podemos extrair uma grande lição da vida de Hofni e Fineias, filhos do sacerdote Eli. Após grande derrota na luta contra os filisteus, em que quatro mil israelitas foram mortos, a nação decidiu trazer a arca da aliança para a próxima batalha, a fim de garantir salvação e livramento ao exército israelita. Parecia um ótimo plano; afinal, muitas vezes, Deus destruiu tropas inimigas, sendo o escudo e fortaleza de Seu povo. A passagem de 1 Samuel nos diz:

> Mandou, pois, o povo trazer de Siló a arca do Senhor dos Exércitos, entronizado entre os querubins; os dois filhos de Eli, Hofni e Fineias, estavam ali com a arca da Aliança de Deus. Sucedeu que, vindo a arca da Aliança do Senhor ao arraial, rompeu todo o Israel em grandes brados, e ressoou a terra. Ouvindo os filisteus a voz do júbilo, disseram: Que voz de grande júbilo é esta no arraial dos hebreus? [...]. (1 Samuel 4.4-6)

Ao ler esses versículos, naturalmente pensamos que Israel se recuperara da grande derrota. Além da presença dos sacerdotes, eles contavam com a presença do próprio Deus. A agitação foi tão grande que o chão estremeceu. Os filisteus estavam aterrorizados. Mas o versículo 10 nos mostra um lado completamente diferente daquilo que esperávamos: "Então, pelejaram os filisteus; Israel foi derrotado, e cada um fugiu para a sua tenda; foi grande a derrota, pois foram mortos de Israel trinta mil homens de pé".

Como isso pôde ter acontecido? Deus não estava lutando em prol de Israel? Todavia, Hofni e Fineias eram sacerdotes impuros, que não se importavam com Sua presença. Eles eram cheios de imoralidade e corrupção, e, como consequência, todo o povo estava afastado dos caminhos do Senhor (cf. 1 Samuel 2.12-17). A arca da aliança havia sido levada ao acampamento apenas como um amuleto para que o exército obtivesse sucesso em sua missão contra os inimigos. No entanto, Deus não pode ser tratado como um amuleto. Não devemos buscá-lO simplesmente porque precisamos de alguma bênção, romper ou milagre. Devemos fazer isso por quem Ele é.

Qual é o motivo das nossas orações e jejuns? Queremos mais poder ou Aquele que é o Todo-Poderoso? Queremos mais unção ou o Ungido? Queremos o "nosso" chamado ou Aquele que está nos chamando? Precisamos fazer essas perguntas a nós mesmos e avaliar nossas motivações ao buscar o Senhor. Deus deve ser tratado como nossa prioridade.

Naquele dia, Israel não perdeu apenas 30 mil homens, mas também a arca da aliança, que foi levada pelos filisteus. Após liderar Israel por quarenta anos, ao saber da notícia, Eli caiu da cadeira e morreu; sua nora, mulher de Fineias, teve um filho a quem deu o nome de Icabode, que significa: a glória se foi (cf. 1 Samuel 4.14-22).

Que tragédia é correr atrás das bênçãos de Deus sem desejar, antes de tudo, a Sua presença como Abençoador. E o incrível é que, sempre que O buscamos, também podemos receber as Suas dádivas. É comum ver pessoas que querem se mover em sinais e maravilhas, curas, palavras proféticas e de conhecimento, mas não conhecem Jesus. E o perigo mora exatamente aí. É por isso que todos precisamos checar nosso coração de tempos em tempos. O próprio Cristo adiantou que, naquele dia, muitos dirão: "[...] Senhor, Senhor! Porventura, [...]

em teu nome não expelimos demônios [...]?" (Mateus 7.22). Poderão, inclusive, acrescentar: "Fiz maravilhas, plantei igrejas, fui o melhor líder de célula...". Então, Ele dirá: "[...] nunca vos conheci. Apartai-vos de mim, os que praticais a iniquidade" (Mateus 7.23). Conhecer, do grego ginosko, envolve profundidade, fala de intimidade e conhecimento experiencial.[1] O evangelista faz referência a pessoas cujo serviço e obra não procedem do relacionamento com o Senhor. Serviço sem intimidade resulta em palha, e esta será queimada no dia em que nossas obras forem provadas em Sua presença (cf. 1 Coríntios 3.12-15).

Enquanto esteve neste mundo, Jesus ensinou isso insistentemente aos discípulos. O texto de Marcos 3.13 apresenta uma interessante sequência daquilo a que Ele dava (e dá) prioridade:

> E subiu ao monte e chamou para si os que ele quis; e vieram a ele. E nomeou doze para que estivessem com ele e os mandasse a pregar, e para que tivessem o poder de curar as enfermidades e expulsar os demônios. (Marcos 3.13-15 – ARC)

Em primeiro lugar, Cristo nomeou os doze para que estivessem com Ele; só depois disso os discípulos foram capacitados e enviados a pregar, curar enfermidades e expulsar demônios. Pedro, Tiago, João e todos os outros passaram tempo na presença do Senhor antes que pudessem sair e fazer a obra para a qual Ele os havia designado. Não podemos inverter a ordem nem pular etapas do processo do Reino; precisamos cultivar, acima de qualquer outra coisa, esse lugar de intimidade.

---

[1] *GINOSKO* [1097]. *In:* DICIONÁRIO bíblico Strong. Barueri: Sociedade Bíblica do Brasil, 2002.

Veja a história de Davi. Depois de ser ungido por Samuel para ser o rei de Israel, o salmista volta para o campo, local onde vivenciava o mais profundo relacionamento com o Senhor em adoração. O jovem pastor tinha na mais alta conta o lugar de intimidade e sabia que a presença do Rei dos reis era muito mais preciosa do que todos os benefícios que poderia conquistar na vida. Ele estava disposto a esperar o tempo necessário para o cumprimento daquela profecia, pois a presença de Deus era suficiente para ele. Davi também escolheu a boa parte, fazendo do relacionamento com o Senhor o seu maior tesouro. Apesar de ser pecador, como qualquer outro homem, ele não abria mão de permanecer na Presença e de contemplar Sua beleza. Inclusive, em certa ocasião, declarou: "Uma coisa peço ao Senhor, e a buscarei: que eu possa morar na Casa do Senhor todos os dias da minha vida, para contemplar a beleza do Senhor e meditar no seu templo." (Salmos 27.4).

Uma das coisas que mais me chamam a atenção na vida do rei Davi é a oração que ele proferiu após ser confrontado pelo profeta Natã (cf. 2 Samuel 12.1-15; Salmos 51). Ele havia cometido adultério com Bate-Seba (cf. 2 Samuel 11), mas, diante da palavra de confronto do profeta, Davi não pediu que "seu" reino, posição ou influência fossem preservados. Ele orou, clamando para não ser afastado da presença de Deus e que o Espírito Santo não fosse retirado de sua vida. Apesar de todos os fracassos, o Senhor sempre foi a prioridade na vida do rei Davi; e é isso que essa oração realmente nos ensina: "Não me lances fora da tua presença e não retires de mim o teu Espírito Santo. Torna a dar-me a alegria da tua salvação e sustém-me com um espírito voluntário" (Salmos 51.11-12 – ARC).

O mesmo Davi que fez essa oração já havia declarado a alegria que encontrara na presença do Senhor. Isso, porque existe alegria plena em Sua presença, e esse é o segredo de todos os grandes avivalistas que marcaram a História. Não devemos passar tempo com Deus ou fazer nosso devocional por obrigação. Estou certo de que minha esposa não gostaria que eu a convidasse para jantar se estivesse sendo forçado a isso. Muitas pessoas procuram o Senhor motivadas por uma resposta, milagre ou poder que possam receber, mas precisamos encontrar prazer em buscá-lO simplesmente por quem Ele é: Emanuel, Deus conosco (cf. Mateus 1.23). Davi descobriu essa alegria e a registrou em inúmeros Salmos, como o 16.11, que diz: "Tu me farás ver os caminhos da vida; na tua presença há plenitude de alegria, na tua destra, delícias perpetuamente". Ele encontrou satisfação e delícias permanentes na presença de Deus.

Precisamos parar de nos relacionar com o Senhor como se Ele fosse um poder ou uma coisa, devemos mudar nossa mentalidade e desenvolver um relacionamento com Ele como pessoa. É necessário que deixemos de buscá-lO apenas pelos milagres que pode operar e pela provisão que pode nos dar, e comecemos a buscar a Sua face (cf. Salmos 27.9).

Não me impressiona que sejamos usados para curar um enfermo. Glórias a Deus por isso! Mas será que conhecemos Jesus? Será que temos prazer em estar em Sua presença? Será que nos deleitamos em ler nossa Bíblia, pedindo a Ele que nos mostre o Seu coração?

Cristo nomeou os 12 para, **antes de mais nada**, estarem ao Seu lado, e é exatamente o que Ele quer fazer conosco hoje. A partir do momento em que O recebemos, o Espírito

Santo passa a habitar dentro de nós (cf. 1 Coríntios 3.16), o que nos possibilita estar com Ele o tempo todo. É por meio do Consolador que recebemos autoridade para nos mover no sobrenatural. Entretanto, é crucial lembrar que a busca pela presença de Deus não é uma moeda de troca para que milagres, provisão, cura, sinais e maravilhas aconteçam. Permanecer junto ao nosso Amado é o maior presente e a maior dádiva que podemos receber. Que grande catástrofe seria ver uma geração salva e uma sociedade justa sem amor pela presença do Senhor; seria como fazer parte de um Reino sem o Rei dos reis.

Há algum tempo, enquanto estudava sobre avivamento, deparei-me com o rápido testemunho de um homem chamado John G. Lake. Ele foi um americano incendiado pelo Espírito Santo, enviado para o continente africano, como apóstolo, para plantar centenas de igrejas naquele lugar. John era um homem que se movia poderosamente no ministério de cura. Ao contar sobre o seu encontro com o Espírito Santo, ele dizia:

> Uma unção do Espírito Santo veio sobre mim. Ondas da Santa Glória passaram por mim, e eu fui levado a um novo nível da presença e do poder de Deus. Depois disso, respostas às orações eram frequentes e os milagres de cura aconteciam. [...] Finalmente, fui levado a reservar determinadas horas do dia para me dedicar a Deus, para que fossem um tempo de oração e meditação. [...] No final daquele ano, creio que eu era o homem mais faminto por Deus que já viveu.[2]

Essas palavras marcaram profundamente a minha vida. Imagine alguém dizendo que acredita ser o homem mais

---

[2] JOHNSON, Bill. **Momentos decisivos**: encontros de Deus com pessoas comuns que mudaram o mundo. Brasília: Chara, 2016.

faminto por Deus que já viveu. Talvez ele não fosse essa pessoa, mas só o fato de crer nisso já fazia dele alguém muito apaixonado. Em sua cabeça, estava superando João, Pedro, Tiago, Paulo, Jonathan Edwards, Evan Roberts, Hudson Taylor, William Seymour e tantos outros.

Que esta seja nossa oração e busca de todos os dias: "Que sejamos mais apaixonados por Ti, Senhor", até que possamos crer e dizer que somos os homens e mulheres mais apaixonados por Deus que já viveram. Que façamos nossas metas, objetivos do ano e coloquemos no papel os nossos sonhos e tudo o que queremos, mas que o nosso maior sucesso seja constatar, ao final de tudo, que estamos ainda mais apaixonados por Jesus do que estávamos no início.

Quando Deus disse a Moisés que enviaria um anjo para conduzir o povo até Canaã, isso não foi suficiente para satisfazer aos desejos de seu servo. Moisés não se contentaria apenas com a Terra Prometida ou com a presença de um anjo. Ele queria algo ainda maior, por isso sua resposta ao Senhor foi brilhante:

> [...] Se a tua presença não vai comigo, não nos faças subir deste lugar. Pois como se há de saber que achamos graça aos teus olhos, eu e o teu povo? Não é, porventura, em andares conosco, de maneira que somos separados, eu e o teu povo, de todos os povos da terra? (Êxodo 33.14-16)

Nesse contexto, é extremamente importante entendermos o que Canaã significava para eles. A Terra Prometida era sinônimo do cumprimento das profecias e da vontade de Deus para Israel após anos de caminhada no deserto. Imagine se todas as palavras que já foram liberadas sobre você estivessem a um passo de se tornarem realidade. Acredito que a maioria dos cristãos hoje aceitaria ser guiada por um anjo, a fim de viver as promessas. Não Moisés. Se Deus não o acompanhasse, ele preferiria permanecer no deserto. Estava disposto a abrir mão de tudo por Sua presença. Moisés sabia que, sem o Senhor, as promessas não tinham valor algum, e que somente a presença d'Ele com Israel seria o diferencial em relação a outros povos da Terra.

Essa é uma temporada em que o Senhor levantará avivalistas e reformadores apaixonados por Ele. Homens e mulheres que estarão dispostos a pagar o preço que for necessário e a renunciar a qualquer coisa para habitar junto da presença de Jesus.

Dessa forma, é fundamental olharmos, com a máxima atenção, dois passos práticos, que devem ser desenvolvidos diariamente, a fim de que possamos progredir em nosso amor pela presença de Deus:

1. LEITURA DA PALAVRA

Uma das características de uma igreja que ama Jesus é o amor que ela tem pelas Escrituras. Desconfie de um cristão que diz amar a Deus e não ama as palavras que Ele deixou.

Em Salmos 119, encontramos a maneira de como nos manter queimando e puros:

> De que maneira poderá o jovem guardar puro o seu caminho? **Observando-o segundo a tua palavra.** De todo o coração te busquei; não me deixes fugir aos teus mandamentos. **Guardo no coração as tuas palavras**, para não pecar contra ti. (vs. 9-11 – grifo do autor)

Esse é o segredo: observar o que a Palavra diz e escondê-la em nosso coração. Para que isso aconteça precisamos ler e meditar nela, do contrário não teremos o que guardar. Em tempos de avivamento, o Senhor restaura a paixão pela Bíblia e levanta discípulos cuja vida não depende de profecias e eventos, mas que mantêm a chama acesa diariamente. Deus quer nos batizar com mais fome pelas Escrituras, e precisamos de disciplina para que isso aconteça. Nem todos os dias acordaremos ansiosos para ler a Bíblia, mas o estilo de vida disciplinado precisa ser diário e baseado no compromisso, não nos sentimentos.

Tenho reparado muito na grande quantidade de cristãos vivendo sob governo dos sentimentos hoje em dia. Se sente de orar, ora. Se sente de ler a Bíblia, lê. Se sente de ir à igreja, vai. Caso contrário, não faz coisa alguma. Pouco importa o que sentimos. É o espírito que precisa ter controle sobre a alma. Por isso, devemos orar quando temos vontade e quando não temos. Devemos ir à igreja quando desejamos ir e, igualmente, quando não desejamos. Lembremos que o justo não vive pelo sentimento, mas pela fé (cf. Hebreus 10.38). O nosso problema é que quando o assunto é paixão pela presença de Deus, colocamos muito sentimento e pouco raciocínio, sendo que, na verdade, o que devemos entregar é o nosso culto racional, conforme lemos em Romanos 12.1: "Rogo-vos, pois, irmãos, pelas misericórdias de Deus, que apresenteis o vosso corpo por sacrifício vivo, santo e agradável a Deus, que é o vosso culto racional".

A Palavra é divinamente inspirada, ou seja, não é resultado da opinião de pessoas. Ela foi escrita por homens, mas inspirada pelo Espírito Santo, com o intuito de nos ensinar e corrigir, para que sejamos perfeitos e preparados para servir ao Senhor. Se temos o desejo de sermos íntegros como Jesus e de estarmos prontos para ser "avivamentos ambulantes", precisamos desenvolver uma santa paixão pela Bíblia. É importante lembrar que: "Toda a Escritura é inspirada por Deus e útil para o ensino, para a repreensão, para a correção, para a educação na justiça, a fim de que o homem de Deus seja perfeito e perfeitamente habilitado para toda boa obra" (2 Timóteo 3.16-17).

No começo da minha caminhada com Cristo, eu valorizava de maneira anormal as palavras proféticas e encontros com o poder do Espírito Santo. Não me entenda mal, ainda dou muito valor a essas coisas, mas minha profundidade espiritual não pode ser dependente de uma experiência ou de uma profecia. Como cristãos, precisamos cavar nosso próprio poço de intimidade com Deus e deixar de ser reféns de profecias e conferências ungidas.

Lembro-me de um dia estar no meu quarto, clamando ao Senhor por mais da Sua presença, por mais fogo, unção e profundidade espiritual. Orei por quase uma hora sem ter nenhuma sensação física ou emoção, e confesso que fiquei um pouco frustrado. De repente, ouvi o Espírito Santo sussurrando, enquanto eu olhava para a minha Bíblia fechada: "Se você não desenvolver mais paixão por esse livro e por minhas palavras, você não terá profundidade e raiz para sustentar tudo isso que está orando para receber". No mesmo instante, abri as Escrituras e meu coração, e comecei a ouvir a voz de Deus por meio de Sua Palavra.

Provavelmente, a Bíblia será a maneira mais clara e frequente que o Senhor usará para falar conosco ao longo da nossa vida. Isso não quer dizer que a comunicação acontecerá apenas nos momentos de leitura da Palavra, pois ao meditarmos nela e a escondermos em nosso coração (cf. Salmos 119.9-11), os princípios de Deus continuam a falar conosco durante as nossas atividades do cotidiano. Quando Jesus foi tentado pelo Diabo, em Mateus 4, Ele resistiu usando a Palavra. Após cada oferta do Inimigo, Ele dizia: "Está escrito!" (cf. vs. 1-11). No momento em que a tentação chega, não temos tempo para abrir o Google e verificar o que a Bíblia diz a respeito daquilo. Precisamos ter as Escrituras guardadas e gravadas em nosso coração. Essa é a única arma de ataque em nossa armadura espiritual descrita por Paulo em Efésios 6, e por isso devemos saber manejá-la bem e com destreza.

Esdras foi um importante escriba que liderou um avivamento entre os judeus que voltaram do exílio da Babilônia. Quando regressou a Jerusalém, descobriu que boa parte deles não estava obedecendo a Deus; muitos se casaram com mulheres estrangeiras, além de instituírem diversos outros deuses e religiões como influências sociais. Esdras foi o responsável por ensinar os preceitos do Senhor ao povo. Eles, então, confessaram os seus pecados, abandonaram a idolatria e se dedicaram a Deus (cf. Esdras 10.10-12).

Necessitamos de mais pregadores e líderes como Esdras, que mudarão o rumo de uma nação e liderarão um avivamento verdadeiro. No capítulo 7 do livro que leva o seu nome, ele nos mostra a receita de seu "sucesso" ministerial: "[...] tinha disposto o coração para buscar a Lei do Senhor, e para a cumprir, e para ensinar em Israel os seus estatutos e os seus juízos" (Esdras 7.10).

Observe o padrão de Esdras: estudar a lei, praticar a lei e ensinar a lei. Essa ordem não pode ser invertida. Primeiro desenvolvemos o amor pelas Escrituras, depois praticamos o que lemos, e só assim teremos autoridade para ensinar. O zelo pela Palavra não tem relação apenas com o conhecimento teológico, embora ele seja muito importante; esse cuidado tem também e, principalmente, ligação direta com uma vida de integridade. Todos podem ensinar sobre aquilo que leem, mas somente aqueles que vivem têm autoridade para isso. A autoridade é uma confirmação celestial a respeito de determinado assunto. É completamente diferente quando ouvimos o ensinamento de alguém que a possui.

Jesus nunca criticou a pregação dos fariseus; pelo contrário, Ele elogiou o ensino deles. Porém, condenou o comportamento que tinham: "Obedeçam-lhes e façam tudo o que eles lhes dizem. Mas não façam o que eles fazem, pois não praticam o que pregam" (Mateus 23.3 – NVI).

Se a pregação dos fariseus foi aprovada inclusive por Jesus, qual era a diferença entre o ensino deles e o ensino do Mestre? Autoridade. Depois que Cristo proferiu o Sermão do Monte, a multidão ficou impressionada com a autoridade que Ele carregava, diferentemente dos mestres da lei. "Quando Jesus acabou de dizer essas coisas, as multidões estavam maravilhadas com o seu ensino, porque ele as ensinava como quem tem autoridade, e não como os mestres da lei" (Mateus 7.28-29 – NVI).

Em tempos de avivamento, Deus levanta pessoas que pregam o Evangelho com autoridade, não apenas usando palavras eloquentes, mas que também vivem o que anunciam do púlpito.

2. VIDA DE ORAÇÃO

> Estava Jesus orando em certo lugar e, quando acabou, disse-lhe um de seus discípulos: Senhor, ensina-nos a orar, como João ensinou a seus

discípulos. Ele lhes respondeu: Quando orardes, dizei: Pai, santificado seja o teu nome; venha o teu reino. (Lucas 11.1-2 – TB)

Se quisermos manter uma vida pegando fogo por Jesus, necessitaremos, entre outras coisas, aprender a desenvolver uma rotina de oração diária e constante. Em Lucas 11, os discípulos não pediram a Cristo que lhes ensinasse como fazer milagres ou prodígios. Eles conheciam o Seu estilo de vida e sabiam que o poder que Ele possuía era fruto de uma jornada de comunhão com o Santo Espírito, por isso pediram: "[...] Senhor, ensina-nos a orar [...]" (cf. v. 1). Ou seja, eles queriam ter a mesma vida de oração que seu Mestre cultivava.

É impressionante a importância que Jesus dava à vida de oração. Mesmo em meio a milagres, sinais, curas e carinho das multidões, Ele Se retirava para ter tempo de intimidade com o Pai. Nem a necessidade das pessoas O fazia buscar menos a face do Senhor. Depois de um grande mover de Deus que tomou conta de Cafarnaum, por exemplo, Jesus Se retirou de madrugada para ter Seu momento de oração:

> E, tendo chegado a tarde, quando já se estava pondo o sol, trouxeram-lhe todos os que se achavam enfermos e os endemoninhados. E toda a cidade se ajuntou à porta. E curou muitos que se achavam enfermos [...] e expulsou muitos demônios, porém não deixava falar os demônios, porque o conheciam. E, levantando-se de manhã, muito cedo, estando ainda escuro, saiu, e foi para um lugar deserto, e ali orava. E seguiram-no Simão e os que com ele estavam. E, achando-o, lhe disseram: Todos te buscam. E ele lhes disse: Vamos às aldeias vizinhas, para que eu ali também pregue, porque para isso vim. (Marcos 1.32-38 – ARC)

O sucesso ministerial não O impedia de orar, pois Ele não era motivado pela necessidade de resultados, e sim por Seu relacionamento com o Pai.

Se quisermos viver um avivamento genuíno, teremos de encontrar beleza no lugar secreto. Sempre que Deus está para fazer algo significativo, Ele convoca o Seu povo a orar. Independentemente de serem milhares, centenas, dezenas ou ainda uma única pessoa.

Charles Spurgeon, um dos maiores pregadores do século XIX, disse: "Eu preferiria ensinar um homem a orar do que dez homens a pregar". Isso, porque qualquer um pode fluir na pregação, o que não é sinal de intimidade com Deus. Agora, se alguém aprende a orar, descobre onde a fonte de energia está localizada. É a oração que nos prepara e abre para o sobrenatural.

Nossa fraqueza espiritual é resultado de uma vida de oração deficiente. Foi isso que Paulo afirmou ao escrever aos romanos. Nós não sabemos como orar. Porém, como ele mesmo continua escrevendo, temos um grande instrutor, o Espírito Santo, que intercede por nós com gemidos inexprimíveis:

> Do mesmo modo, também o Espírito ajuda a nossa fraqueza; porque não sabemos o que havemos de pedir como convém, mas o Espírito mesmo intercede por nós com gemidos inexprimíveis; e aquele que esquadrinha os corações sabe qual é a intenção do Espírito, que ele, segundo a vontade de Deus, intercede pelos santos. (Romanos 8.26-27 – TB)

O desafio que apresento a você hoje é que comece a fazer o básico. Tenha um estilo de vida de oração constante, orando no Espírito e com entendimento. Você perceberá toda a fraqueza e cansaço espiritual indo embora. Todas as vezes que sou convidado a pregar, busco de Deus uma palavra para entregar ao Seu povo. Geralmente, recebo o direcionamento sobre a pregação após meu tempo diário de oração em línguas. Tento orar no Espírito, no mínimo, 20 minutos por dia. Não é uma regra ou um método, mas algo que me torna mais sensível à voz do Espírito Santo.

Para sermos fortalecidos na fé, precisamos estar constantemente conectados e orando no Espírito. Em meio aos milagres, libertações e cruzadas, Jesus constantemente se retirava para ter o Seu tempo a sós com o Pai. Essa é a fórmula ideal: leitura da Palavra e oração.

Lamentavelmente, fazemos parte de uma geração que prestigia demais as respostas rápidas. Todo e qualquer tipo de informação de que precisamos está ao nosso alcance por meio de celulares, *tablets* e *notebooks*. No entanto, a fórmula para o crescimento espiritual não respeita as evoluções tecnológicas nem mesmo se dobra diante da nossa falta de tempo. Somos nós que precisamos nos render a Ele.

Diante disso, é importante sublinhar também a necessidade do equilíbrio entre oração e leitura bíblica. Não podemos simplesmente aderir a um e rejeitar o outro. Ambos são imprescindíveis e inegociáveis na caminhada e no crescimento cristão. Foi isso que A. W. Tozer afirmou quando o questionaram se era mais importante ler a Bíblia ou orar. Vale transcrever a resposta desse homem de Deus: "O que é mais importante para o pássaro: a asa direita ou a esquerda?".

Quando falamos sobre avivamento, é essencial compreendermos que existe um padrão. Todas as vezes que um avivamento desceu sobre a Igreja, ele foi precedido de períodos prolongados de oração e busca pela face de Deus. Os próximos líderes da nossa geração serão, portanto, aqueles que estiverem dispostos a se entregar ao Senhor em oração, adoração e leitura da Palavra.

Lembro-me, certa vez, de ter sido convidado pelo meu pai espiritual, Teófilo Hayashi, para acompanhá-lo em uma viagem ministerial ao Havaí. No entanto, minhas passagens não estavam inclusas no convite, por isso entrei em um período de oração, a fim de ter a confirmação de Deus a respeito da minha ida. Exatamente uma semana antes da viagem, estava me arrumando para ir ao trabalho quando minha esposa disse: "Hoje, até às 17 horas, você ganhará a sua passagem. Ops... na verdade, até às 17h03". Sorri, agradeci e guardei aquelas palavras em meu coração, orando para que aquele romper se tornasse realidade. No fim da tarde, uma pessoa entrou em contato comigo, dizendo que iria me presentear com a passagem. Comecei a rir e no mesmo instante pensei em ligar para Kristin. Antes, olhei para o relógio. Eram 17h03. Esse é o poder do profético somado à oração. Muitas vezes, em nossas vidas, precisamos orar, clamar e bater na porta até recebermos aquilo de que necessitamos (cf. Lucas 11.9).

A oração como estilo de vida envolve **perseverança.** De vez em quando, entramos em nosso quarto ou outro lugar de oração e pensamos em uma lista infinita de assuntos sobre os quais precisamos conversar com Deus. Falamos a respeito de família, faculdade, chamado, nosso cachorro, o futuro, pedimos pela nossa nação, pelos perdidos... e quando olhamos para o relógio se passaram apenas dois minutos. São nesses momentos que temos de permanecer. Nem sempre sentiremos algo sobrenatural acontecer, mas sempre devemos perseverar, assim como aprendemos em Efésios 6: "orando em todo tempo com toda oração e súplica no Espírito e vigiando nisso com toda perseverança e súplica por todos os santos" (Efésios 6.18 – ARC).

John Wesley sempre começava seu dia com uma oração, por volta das 4h30 da manhã. Ele costumava dizer: "Deus não faz nada senão em resposta à oração". Ele reconhecia que tudo era consequência da intimidade que tinha com o Pai por intermédio do tempo em secreto. Quando lhe perguntaram sobre sua estratégia para atrair tantas pessoas para seus cultos, ele respondeu: "Eu me coloco em chamas, e o povo vem para me ver queimar".

No avivamento da Rua Azusa não foi diferente. William Seymour, precursor desse derramar do Espírito Santo nos EUA, reunia-se com aproximadamente 15 pessoas na época; eles clamavam para que Atos 2 se repetisse sobre eles. Passado algum tempo desde o início desses encontros, enquanto estavam a caminho da reunião de oração, Edward Lee, um dos participantes do clamor, começou a falar em línguas depois da imposição de mãos de William Seymour.

Quando chegaram ao local das reuniões, Seymour compartilhou o que havia acontecido minutos antes e, enquanto falava, o Espírito Santo invadiu aquela pequena sala, várias pessoas foram cheias e começaram a falar em outras línguas. Aquele foi o início de um grande derramar do Espírito Santo na Califórnia, EUA. William Seymour não estava satisfeito com o nível de profundidade espiritual em que se encontrava; ele queria mais de Deus, assim como aquelas outras 15 pessoas.

Nossa vida de oração é um reflexo da nossa fome espiritual. Assim como fisicamente, se não sentimos fome espiritual, isso é um sinal de que não estamos saudáveis. Oremos para que Deus derrame sobre nós e nossa geração um anseio por Sua presença e Palavra como nunca antes. Precisamos de muito mais do Senhor.

Por outro lado, é bem verdade que, muitas vezes, somos impedidos de receber um derramar ainda maior do Espírito Santo porque nos contentamos com aquilo que Deus já fez. Obviamente, temos de ser sempre gratos por aquilo que Ele já realizou, mas não podemos nos acomodar nisso nem permanecermos em nossa zona de conforto. Devemos manter um coração grato em relação aos milagres e livramentos do passado e aumentar as expectativas para os feitos do futuro. Em outras palavras, não podemos nos contentar com o maná do deserto, enquanto existe leite e mel nos esperando em Canaã.

Amo o salmo 132, porque ele nos ensina justamente acerca dessa verdade e da sede por mais de Deus:

> Certamente, que não entrarei na tenda em que habito, nem subirei ao leito em que durmo; não darei sono aos meus olhos, nem repouso às minhas pálpebras, enquanto não achar lugar para o Senhor, uma morada para o Poderoso de Jacó. (vs. 3-5 – ARC)

Não podemos nos contentar com cultos abençoados e achar que isso é o fim. Se quisermos ser uma geração sedenta e faminta por mais da presença do Senhor, temos de entender que sempre existe mais; porém, para receber, há uma atitude e decisão que também precisa partir de nós. É necessário que desejemos mais Aquele que nos chama do que o nosso chamado.

Como podemos manter vivo o primeiro amor? Através de um estilo de vida de constante oração e paixão pela Palavra de Deus.

CAPÍTULO 4
SEJAM CHEIOS DO ESPÍRITO

Oh, Senhor, estou tão faminta pelo Espírito Santo. O Senhor me disse que se eu O buscasse de todo coração O encontraria. Agora, Senhor, mesmo que morra de fome, vou ficar aqui até que derrame sobre mim a promessa do Espírito Santo, pois o Senhor me mandou esperar.

Aimee Semple McPherson

Em todo avivamento bíblico, sempre houve o despertar da Igreja, o arrependimento, a volta ao primeiro amor e a valorização tanto da oração quanto da Palavra. Nenhuma dessas posturas jamais ficou sem resposta; elas foram seguidas do derramar do Espírito Santo, que é imprescindível para a saúde da Igreja. Charles Finney, considerado por muitos como "o pai do avivamento moderno", tendo consciência dessa verdade, disse que a maior necessidade da Igreja era o poder do Senhor. Apesar de ter sido proferida há muito tempo, essa frase não poderia ser mais atual e verdadeira como é hoje.

Não possuímos poder, sabedoria e graça suficientes para trazer o avivamento com as nossas próprias mãos, nós necessitamos do Espírito Santo. Temos de voltar a ser dependentes d'Ele em tudo, afinal é Ele quem derrama sobre nós a Sua unção, que representa a presença divina sobre nós, e nos habilita, sobrenaturalmente, a fazer algo que nunca seríamos capazes de realizar contando somente com as nossas forças. Unção essa, inclusive, que nos capacita a cumprirmos nosso chamado.

Ao longo das Escrituras, vemos o Espírito de Deus enchendo e capacitando pessoas para exercerem funções específicas. Mesmo no Antigo Testamento, quando Ele não estava disponível para todos, como nos dias atuais, o Senhor encheu reis, sacerdotes e profetas com o Seu poder.

Esse foi o caso de Davi, por exemplo. A partir do momento em que foi ungido por Samuel, o Espírito de Deus passou a estar sobre ele para governar Israel (cf. 1 Samuel 16.13). Os sacerdotes também recebiam essa unção para ministrar ao Senhor (cf. Êxodo 28.3). Além deles, Josué, depois de receber a imposição de mãos de Moisés, foi cheio do Espírito Santo, a fim de assumir a liderança do povo de Israel (cf. Deuteronômio 34.9), enquanto Bezalel foi equipado pelo mesmo Espírito para trabalhar com arte (cf. Êxodo 31.2-5). Do mesmo modo, Jesus foi capacitado pelo Espírito Santo para realizar sinais e maravilhas, expulsar demônios e libertar os cativos em todos os lugares por onde passava.

É interessante reparar que o ministério público e os milagres de Cristo só começaram após o momento em que Ele recebeu o Espírito, que, segundo os relatos de Mateus 3.16, desceu em forma de uma pomba. A Bíblia nos revela, também, que o Filho só realizava aquilo que via o Pai fazer (cf.

João 5.19). Mas como isso se dava se Ele era homem assim como nós? A resposta é clara: Jesus enxergava por intermédio do Espírito Santo, o único que conhece as profundezas do coração de Deus (cf. 1 Coríntios 2.10). Ele foi fundamental para que Cristo e todos os homens segundo o Seu coração, no passado, movessem-se com poder e autoridade. E, em nossos dias, não é diferente. Ele continua sendo indispensável para o avivamento e tudo o que concerne à vida cristã.

Conforme o tempo avança, entretanto, muitos de nós passamos a viver de maneira tão automática, que acreditamos já conhecer tudo e poder fazer qualquer coisa, esquecendo-nos de que o Espírito Santo é quem opera e realiza por meio de nós. Pensamos saber como orar pelos enfermos, como abrir os cultos, como orar em línguas, pregar ou nos mover no sobrenatural, mas a verdade é que não sabemos. Dependemos do Espírito de Deus, e Ele não é um poder, mas uma pessoa, que tem pensamentos, sentimentos e emoções, e com quem precisamos nos relacionar. Por isso, é necessário entender que, em um contexto de avivamento, Ele é liberado de maneira poderosa, e nós, como Igreja, temos de aprender a proteger essa unção como bons mantenedores. Não basta simplesmente ir a um culto, ouvir a exposição da Palavra, cantar em comunidade ou receber transferências de unção. Eu amo os ambientes em que essas coisas têm espaço para acontecer, mas o lugar que transforma nossa vida, e a de todos ao nosso redor, é o quarto, o lugar secreto. Devemos entrar nele, fechar a porta e pedir que o Espírito do Senhor venha. Enquanto não tivermos intimidade, continuaremos reféns de eventos.

Jesus disse aos discípulos que rogaria ao Pai pelo envio do Consolador, que ficaria com eles para sempre (cf. João 14.16).

Isso mesmo, **para sempre**. Diferentemente do que ocorria nos tempos do Antigo Testamento, hoje, temos a honra de recebê-lO para estar conosco eternamente. Mais adiante, em João 16.7, o Mestre afirmou que precisaria partir deste mundo para que o Consolador viesse. Em outras palavras, o ministério dos discípulos seria mais efetivo sem Sua presença física, mas com o poder e a presença do Seu Espírito, que os tornaria aptos para fazer obras ainda maiores (cf. João 14.12). Esta é a promessa de Jesus: o **mesmo** Consolador que O capacitou seria liberado sobre Suas testemunhas. Essa verdade não mudou. O Espírito Santo, que Se manifestou por intermédio de cada palavra, gesto e milagre de Cristo, está disponível para mim e para você hoje.

Jesus valorizava e tinha tanta consciência disso, que, em Lucas 24.49, ordenou que os discípulos permanecessem em Jerusalém até que fossem revestidos do poder do Espírito. Apesar de já terem a missão em vista, ainda não tinham o combustível necessário para cumpri-la. Precisavam da unção. É por isso que o despertar da Igreja é tão essencial para o avivamento, pois ele concede aos discípulos de Cristo o alimento necessário para cumprir seus respectivos chamados.

Em outros termos, a ordem de Jesus naquele momento era que ficassem em Jerusalém até serem cheios do poder do alto, porque as suas vidas, palavras e milagres não seriam mais os mesmos. Precisamos esperar a presença do Espírito da Verdade, afinal Ele é quem convence do pecado, da justiça e do juízo (cf. João 16.8). Por essa razão, devemos aguardá-lO, e se o fizermos, podemos ter a certeza de que, em Seu tempo, Ele virá e nos incendiará.

Atos 2 aponta não apenas para o cumprimento da promessa que Jesus havia feito acerca da capacitação do Espírito, mas também para a concretização da profecia de Joel 2.28-29. Naquele momento, os discípulos foram cheios e incendiados pelo Espírito Santo, sendo marcados com novas línguas:

> Ao cumprir-se o dia de Pentecostes, estavam todos reunidos no mesmo lugar; de repente, veio do céu um som, como de um vento impetuoso, e encheu toda a casa onde estavam assentados. E apareceram, distribuídas entre eles, línguas, como de fogo, e pousou uma sobre cada um deles. Todos ficaram cheios do Espírito Santo e passaram a falar em outras línguas, segundo o Espírito lhes concedia que falassem. (Atos 2.1-4)

Falar em outras línguas e transbordar de alegria não são os únicos sinais de um mover sobrenatural, há também o derramar dos demais dons do Espírito (cf. 1 Coríntios 12.7-10). Isto é, quando o cristão O recebe, começa a curar como Jesus curava, profetizar como Ele profetizava, discernir como Ele fazia, entre outros dons. Kathryn Kuhlman, uma avivalista americana do século passado, afirmava que o segredo de seu ministério de cura era a presença do Espírito de Deus, e que, quando Ele Se manifestava, os milagres aconteciam.

Costumo dizer que, assim como um copo d'água, só estamos cheios do Consolador quando transbordamos. Lembro-me de que, certa vez, quando estava ministrando, o Senhor sussurrou um nome: "Fernando". No momento, hesitei, pois não tinha certeza se aquela palavra era de Deus, mas decidi vencer o medo e arriscar. Quando compartilhei com a igreja, dois homens com nome Fernando se levantaram. Enquanto perguntava ao Espírito Santo para qual deles seria aquela palavra, vi alguns números: 22/03. Perguntei se algum deles tinha nascido no dia 22 de março e, para a minha surpresa, a resposta positiva veio logo em seguida. Se queremos ser cheios d'Ele, precisamos estar dispostos a sermos usados e ousados a qualquer momento.

Além do liberar dos dons do Espírito, as manifestações da glória do Altíssimo e os momentos de grande alegria são componentes presentes em um cenário de avivamento. Contudo, é importante deixar claro que situações como essas, por si só, não o caracterizam. Outro ponto que necessita de clareza é a ideia de que essas manifestações não provêm do Senhor. Muitos acreditam que os excessos por parte de pessoas que as experimentam têm mais a ver com a demonstração de emoções do que com ações do Espírito Santo. Todavia, mais tolo do que alguém que recusaria um cheque de um milhão de dólares pelo fato de já ter se deparado com um cheque falso é o que rejeita o mover do Consolador por já ter presenciado o "fingimento" de pessoas, ou por não ter compreendido algo espiritual com olhos naturais. As coisas do Espírito precisam ser discernidas espiritualmente, pois muitas vezes parecerão loucura (cf. 1 Coríntios 2.14).

Um grande derramar do Espírito Santo é sempre algo proeminente em tempos de avivamento, e é acompanhado de grandes manifestações de Seu poder, como tremer, chorar, cair na unção, receber pó de ouro, e tantas outras. A questão é que, por esse motivo, muitos acabam confundindo o despertar dos santos com o avivamento. O despertar é o início, mas não significa, necessariamente, que é o avivamento consumado. Apesar de sua extrema importância, não podemos parar por aqui.

Quando os discípulos foram cheios do Espírito Santo em Atos 2, a multidão pensou que eles estivessem embriagados, obviamente, por terem sido tomados por uma alegria sobrenatural, e "Todos, atônitos e perplexos, interpelavam uns aos outros: Que quer isto dizer? Outros, porém, zombando, diziam: Estão embriagados!" (Atos 2.12-13). Já participei de reuniões em que o mover do Espírito foi tão intenso, que fui levado a chorar ou dar risada por horas. Muitos não compreendem esses momentos, mas são encontros em que Ele nos restaura e capacita poderosamente.

Em diversas outras situações na Bíblia, vemos a alegria como marca daqueles que são cheios pelo Espírito. Um exemplo são os discípulos quando enfrentavam oposição e perseguição, ainda assim continuavam transbordantes de alegria (cf. Atos 13.52). Semelhantemente, Paulo disse aos tessalonicenses que, apesar de muito sofrimento, eles tinham recebido a Palavra com alegria divina (cf. 1 Tessalonicenses 1.6). Depois de serem açoitados, os apóstolos também saíram alegres do Sinédrio, porque foram considerados dignos de sofrer humilhação por causa do Evangelho (cf. Atos 5.40-41). Essa é sempre uma marca do avivamento. Particularmente, acredito que os cristãos deveriam ser o povo mais alegre da Terra.

Em diversos avivamentos, como no da *Toronto Blessing* no Canadá, que ocorreu em meados dos anos 1990, além das milhares de curas e manifestações da glória de Deus, as pessoas eram tão cheias de alegria que, muitas vezes, não conseguiam parar de rir. O fenômeno até ficou conhecido como *Holy Laughter* [Risada Santa]. Charles G. Finney vivenciou diversas experiências em que pessoas não conseguiam parar de dar risada pelo simples fato de estarem em sua presença, tamanha era a unção que aquele homem carregava. Há um relato de que, em certa ocasião, um senhor muito sério se deparou com Finney caído em seu escritório, clamando por mais de Deus. Em vez de dizer alguma coisa, aquele senhor caiu em uma risada incontrolável, sem entender nada do que estava acontecendo. Os registros narram que mais de 500 mil pessoas se entregaram a Jesus devido à paixão e alegria que Finney carregava.

Além da alegria, o Senhor costuma Se manifestar de formas surpreendentes e novas. Já participei de algumas reuniões em que a Sua glória e presença se manifestavam fisicamente também. Uma vez, quando estava na África, em meio a curas e libertações, muitas pessoas começaram a receber pó de ouro nas mãos. Alguns já me perguntaram o motivo dessa manifestação, e a verdade é que eu não sei, mas não vou deixar que minha mente humana me impeça de receber algo que Deus queira me entregar.

Agora, repare o que acontece nas seguintes passagens bíblicas:

> E os sacerdotes não podiam permanecer em pé, para ministrar, por causa da nuvem; porque a glória do Senhor encheu a casa de Deus. (2 Crônicas 5.14 – ACF)

> E acabando Salomão de orar, desceu fogo do céu, e consumiu o holocausto e os sacrifícios; e a glória do Senhor encheu a casa. E os sacerdotes não podiam entrar na casa do Senhor, porque a glória do Senhor tinha enchido a casa do Senhor. E todos os filhos de Israel, vendo descer o fogo e a glória do Senhor sobre a casa, encurvaram-se com o rosto em terra sobre o pavimento, e adoraram e louvaram o Senhor, dizendo: Porque ele é bom, porque a sua benignidade dura para sempre. (2 Crônicas 7.1-3 – ACF)

As Escrituras nos dizem que os sacerdotes não conseguiam ficar em pé diante da manifestação da glória de Deus. Em reuniões de avivamento na Rua Azusa, Sua presença vinha de maneira tão poderosa, que centenas de pessoas oravam sem conseguir se levantar. Quando se erguiam, haviam sido curadas, restauradas e poderosamente impactadas. Em outra ocasião, vizinhos ligaram para o corpo de bombeiros, pois haviam visto o telhado do prédio da igreja em chamas. Felizmente, o incêndio não era terreno, mas uma manifestação do que estava acontecendo no mundo espiritual.

Existe espaço para ordem e excelência no Reino de Deus, porém, na maioria das vezes, o derramar do Espírito Santo mudará nosso cronograma e nossas prioridades, mexerá com nossas finanças, família e amigos, para que sejamos completamente alinhados à vontade d'Ele. Teremos de abrir mão do nosso planejamento — o que não significa não ter de fazê-lo —, para dar liberdade ao agir divino. É interessante ver como o Espírito "interrompe" o discurso de Pedro enquanto ele ainda pregava na casa de Cornélio. O Senhor veio sobre os gentios, eles foram batizados e começaram a orar em línguas, obviamente porque Seu mover naquele momento era mais importante do que o longo discurso do apóstolo. Precisamos ser sensíveis ao querer do Espírito Santo e à Sua presença para que Ele tenha liberdade de nos interromper, como fez em Atos 10:

> Enquanto Pedro ainda falava estas coisas, desceu o Espírito Santo sobre todos os que ouviam a palavra. Admiraram-se todos os crentes que eram da circuncisão, quantos vieram com Pedro, porque também sobre os

gentios foi derramado o dom do Espírito Santo; pois os ouviam falar outras línguas e engrandecer a Deus [...]. (Atos 10.44-46 – TB)

Se desejamos o avivamento, é necessário que estejamos dispostos a entregar o controle ao Espírito e, assim como Jesus, só fazer aquilo que observarmos o Pai fazer (cf. João 5.19). Devemos abrir mão dos nossos métodos para receber o novo de Deus, afinal um vinho novo só pode ser derramado sobre odres novos (cf. Mateus 9.17). Às vezes, o maior inimigo do novo do Senhor será o odre antigo — isto é, os padrões, estratégias e métodos do passado. Certamente, em algum momento da História, esses recursos foram válidos, e devemos ser gratos ao Senhor por tudo o que Ele já fez e pela maneira como já Se moveu. Contudo, agora precisamos, com gratidão, ceder lugar ao novo e estar sensíveis para discernir e vivê-lo. Não podemos manter nosso coração endurecido para as novidades divinas, do contrário elas passarão diante de nós sem que as percebamos. Isaías nos alerta, no capítulo 43, que temos de estar atentos ao que é fresco, inédito. Eu amo o avivamento e valorizo tudo aquilo que já foi feito no passado, mas também sei que, no novo mover que iremos experimentar, veremos muitas coisas que jamais aconteceram antes, pois o nosso Deus é de infinita grandiosidade e criatividade. As Escrituras dizem: "Vejam, estou fazendo uma coisa nova! Ela já está surgindo! **Vocês não o percebem?** Até no deserto vou abrir um caminho e riachos no ermo" (Isaías 43.19 – NVI – grifo do autor).

Durante o período que ficou conhecido como "Primeiro Grande Despertar" na Inglaterra, John Wesley relata episódios da manifestação da glória do Senhor enquanto pregava: "Imediatamente uma, depois outra e outra caíram ao chão:

elas caíam por toda parte, como que atingidas por um raio".[1] Ele e George Whitefield, inclusive, conversaram a respeito dessas manifestações, uma vez que não estavam acostumados com esse tipo de coisa. Veja:

> Tive a oportunidade de conversar com Whitefield a respeito dos sinais que quase sempre acompanham o intervir do trabalho de Deus. Descobri que suas objeções eram majoritariamente baseadas em grossas deturpações do assunto em si. Mas no outro dia, ele teve oportunidade de se informar melhor, pois assim que havia começado (durante a ministração de seu sermão) a convidar todos os pecadores a acreditarem em Cristo, quatro já haviam caído perto dele, quase que no mesmo instante. Um deles estava deitado sem nenhum sentido ou movimento. Um segundo tremia fortemente. O terceiro tinha fortes convulsões em todo o seu corpo, mas não fazia nenhum barulho, a não ser rugidos. O quarto, com convulsões iguais, clamava a Deus, com forte pranto e choro. Desde então, considero que todos devemos desejar que Deus realize seu próprio trabalho da forma que lhe convier.[2]

Por outro lado, vale pontuar: ser cheio do Espírito Santo não deve ser um acontecimento evidenciado apenas pelo batismo. Os apóstolos foram batizados e receberam línguas de fogo em Atos 2, mas em Atos 4.31 eles foram cheios do Espírito novamente. Isso significa que esse deve ser o nosso estilo de vida, e não um evento isolado. Quando isso acontece, o cristão transborda. Por isso, precisamos mudar nossa mentalidade e entender que ser cheio do Espírito Santo deve ser uma constante em nossa vida em todo tempo, todos os

---

[1] WESLEY, John; ZINZENDORF, Conde; WILBERFORCE, William. **Avivamento e a santidade:** praticando a presença. Organizadores: Edino Melo, Edilson Silva e Elcio Lodos. Campinas: Editora Transcultural Ltda., 2015, p. 26.
[2] *Ibid.*, p. 25.

dias, de domingo a domingo. Não podemos ir à igreja esperando ser recarregados como um carro com tanque vazio que para no posto de gasolina esperando por mais combustível. Não importa quão impactante tenha sido nossa experiência com Deus há 20 anos, a pergunta é: continuamos cheios do Espírito Santo e queimando de amor por Jesus?

Certa vez, perguntaram ao evangelista Dwight L. Moody se ele já havia recebido uma segunda unção desde que havia se convertido. Moody respondeu que não tinha recebido apenas uma segunda, mas aproximadamente dez mil desde a primeira, justificando que somos vasos que vazam, e a única maneira de estarmos cheios a todo momento é nos posicionando debaixo da fonte.

O despertar da Igreja serve para que o Altíssimo nos encha com Sua presença, capacite-nos com Seus dons e nos envie com o Seu fogo. Ele quer nos incendiar antes de nos enviar. Precisamos de avivalistas e reformadores que carreguem o fogo dos Céus. Uma boa teologia, apesar de extremamente importante, não será suficiente para trazer avivamento. John Wesley dizia: "Jogue fogo no seu sermão ou jogue seu sermão no fogo". Foi basicamente isso o que aconteceu com Isaías quando este foi tocado pelo Senhor com brasas vivas do altar:

> Então, um dos serafins voou para mim, trazendo na mão uma brasa viva, que tirara do altar com uma tenaz; com a brasa tocou a minha boca e disse: Eis que ela tocou os teus lábios; a tua iniquidade foi tirada, e perdoado, o teu pecado. Depois disto, ouvi a voz do Senhor, que dizia: A quem enviarei, e quem há de ir por nós? Disse eu: eis-me aqui, envia-me a mim. (Isaías 6.6-8)

Nosso Deus é como fogo consumidor (cf. Hebreus 12.29), e se quisermos representá-lO bem, precisamos ser constantemente tocados por brasas vivas. João Batista disse que Jesus nos batizaria com o Espírito Santo e com fogo (cf. Mateus 3.11). Em tempos de avivamento, o Senhor sempre incendeia seus ministros.

John Wesley havia fracassado como missionário e ministro do Evangelho até ouvir o sermão de um missionário moraviano e ter seu coração "estranhamente aquecido", como ele mesmo relata. Essa experiência sobrenatural foi o divisor de águas que ele precisava para ser transformado em um dos maiores avivalistas e reformadores que o mundo já teve. Necessitamos de mais reformadores e avivalistas incendiados como John Wesley.

Quero desafiá-lo a ser mais do que um cristão que vai à igreja aos domingos. Eu o desafio a ser um cristão relevante que deixará sua paixão contagiar o mundo ao seu redor.

A consequência de uma vida de arrependimento, comunhão com o Senhor, paixão pela Palavra e oração é o derramar do Espírito Santo. E para que isso se torne realidade, é necessário que abandonemos nossas vontades, nossa vida de pecado e compulsão por controlar a nós mesmos, e deixemos que Deus assuma a liderança e nos governe. Do contrário, o meu conselho é que você siga a sua vida e faça o que quer fazer. Mas lembre-se de que você será apenas mais um na multidão. Um dos 120, talvez. Para integrar o grupo dos doze ou, ainda, dos três, e subir o monte para ver Jesus transfigurado, terá de pagar o preço (cf. Mateus 17.1-8).

Oro para que o Senhor desperte uma nova fome pela presença d'Ele em cada um de nós e que o nosso clamor seja:

Pai, capacite-nos para andar em Seus caminhos e viver debaixo de Seus princípios. Encha nosso coração de humildade para que possamos reconhecer que carecemos da Sua graça e misericórdia. Queremos ser constantemente transformados pelo Senhor. Precisamos do Seu caráter. Deus, revele-nos novos níveis do Seu amor e bondade. Incendeie-nos, Senhor, com o fogo do primeiro amor! Que Jesus seja sempre a prioridade em nossa vida. Desperte nosso espírito para uma nova paixão pela Sua presença e pelas Escrituras. Espírito Santo, encha-nos com mais do Seu fogo, pois sabemos que existe mais. Derrame sobre nós a Sua glória, Seu poder e dons. Levante-nos como uma nova geração de avivalistas, para honra e glória do Seu poderoso nome. Vem, Espírito Santo, precisamos do Senhor. Em nome de Jesus, amém!

PARTE II
A GRANDE ONDA DE SALVAÇÃO

CAPÍTULO 5
OS CAMPOS ESTÃO BRANCOS

A Bíblia não manda que os pecadores procurem a Igreja, mas ordena que a Igreja saia em busca dos pecadores.

Billy Graham

Após o despertar da Igreja, o segundo passo em direção à concretização do avivamento é a grande onda de salvação impulsionada pelo derramamento do Espírito Santo. O tempo de ver uma enorme colheita de almas já começou. Não espere ser um evangelista profissional para isso. Não existe sinal mais claro para a proclamação do Evangelho do que a morte de Jesus na cruz e Sua ressurreição ao terceiro dia (cf. Mateus 27-28). Aquele que apenas olha para as nuvens, como quem espera por um sinal dos Céus, jamais colherá (cf. Eclesiastes 11.4). O próprio Cristo nos ensina que não há necessidade de esperar nem mais quatro meses para a colheita, pois os campos já estão prontos: "Não dizeis vós que ainda há quatro meses até à ceifa? Eu, porém, vos digo: erguei os olhos e vede os campos, pois já branquejam para a ceifa" (João 4.35).

Isso significa que o poder do Espírito não é apenas para que tenhamos uma experiência sobrenatural, mas para que sejamos testemunhas da morte e ressurreição de Jesus em todos os lugares. Esse é o propósito da unção que é liberada sobre nós; recebemos para derramar e, só então, estaremos prontos para compartilhar. Foi isso que Cristo deixou claro aos Seus seguidores: "mas recebereis poder, ao descer sobre vós o Espírito Santo, e sereis minhas testemunhas tanto em Jerusalém como em toda a Judeia e Samaria e até aos confins da terra" (Atos 1.8).

Somos despertados para ser testemunhas de Cristo. A unção vem para nos capacitar, empoderar e incendiar; mas, além disso, para que façamos algo logo em seguida: levantarmos e sermos enviados como Suas testemunhas. É incrível ser cheio do Espírito Santo e ter uma experiência com Deus. No entanto, tão importante quanto isso é posicionar-se para declarar a Palavra aos perdidos. Não basta apenas cair no poder; é necessário levantar-se e compartilhá-lo.

Em Atos 2, antes da pregação de Pedro, todos pensaram que os discípulos estavam bêbados após a descida do Espírito Santo, porém o apóstolo põe-se de pé e anuncia o cumprimento da profecia de Joel (cf. Atos 2.14-21). As Escrituras dizem: "Então, os que lhe aceitaram a palavra foram batizados, havendo um acréscimo naquele dia de quase três mil pessoas" (Atos 2.41).

Três mil pessoas foram salvas após o derramar do Espírito Santo naquela ocasião. Isso, porque ele é sempre acompanhado de um grande mover de salvação. Se o Espírito vem sobre a

Igreja, mas ela não se mobiliza para gerar impacto e levar o plano de redenção aos perdidos, a unção liberada não atinge o seu propósito completo. Não à toa, em Atos, quando isso acontecia, a Igreja aumentava numericamente também: "[...] Enquanto isso, acrescentava-lhes o Senhor, dia a dia, os que iam sendo salvos" (Atos 2.47).

O crescimento do cristianismo não deve ser buscado apenas aos domingos ou em cultos "formais", mas precisa ser vivido e experimentado por todos os cristãos diariamente. O mover de salvação ocorre quando toda a Igreja entende que cada membro, individualmente, é um representante de Jesus e embaixador do Reino de Deus (cf. 2 Coríntios 5.20). A salvação, então, deixa de ser uma extensão ou um apelo em um culto específico para tornar-se parte do dia a dia, assim como Atos 3 revela:

> Pedro e João subiam ao templo para a oração da hora nona. Era levado um homem, coxo de nascença, o qual punham diariamente à porta do templo chamada Formosa, para pedir esmola aos que entravam. Vendo ele a Pedro e João, que iam entrar no templo, implorava que lhe dessem uma esmola. Pedro, fitando-o, juntamente com João, disse: Olha para nós. Ele os olhava atentamente, esperando receber alguma coisa. Pedro, porém, lhe disse: Não possuo nem prata nem ouro, mas o que tenho, isso te dou: em nome de Jesus Cristo, o Nazareno, anda! E, tomando-o pela mão direita, o levantou; imediatamente, os seus pés e tornozelos se firmaram; de um salto se pôs em pé, passou a andar e entrou com eles no templo, saltando e louvando a Deus. (Atos 3.1-8)

A consequência de Atos 2 vem à tona em Atos 3. Um capítulo após o derramar do Espírito, Pedro e João estavam a caminho do templo, onde encontraram um aleijado de nascença que pedia esmolas. Por toda a sua vida, aquele homem esperava ouro e prata das pessoas, mas isso nunca o ajudou a entrar no templo; pelo contrário, ele sempre permaneceu do lado de fora. Os recursos materiais apenas aliviavam momentaneamente seu estado de miséria espiritual, consequência de uma deficiência física. Independentemente de quanto ouro e prata aquele homem ganhasse, não seria o bastante para curar seu corpo e restaurar sua alma. Mas o versículo seguinte chama a atenção quando afirma que, além de curado, ele entra no templo andando, saltando e louvando a Deus. **Andando** significa que ele havia sido curado fisicamente. **Saltando** quer dizer que a sua alma havia sido restaurada e ele não podia conter toda a alegria que estava sentindo por causa da cura recebida. **Louvando** mostra que o Espírito de Deus tinha Se conectado ao seu espírito através do ato de ousadia de Pedro. Ou seja, o Consolador vem, o despertar da Igreja acontece, mas Ele nos empodera para que possamos levar cura ao corpo e à alma, e conexão do espírito das pessoas com o Seu Espírito. Não recebemos poder para ficar somente dentro das quatro paredes da igreja.

Essa história me traz à memória uma situação semelhante que vivi na África, em 2017. Estava com uma equipe em Moçambique, na base do Arco-Íris, em Machava, quando conhecemos uma menina chamada Julia. Certo dia, logo após o término de um culto em que eu havia pregado, sua mãe foi falar com minha esposa, Kristin, pedindo oração pela filha. Kristin rapidamente pediu que eu me aproximasse também. Em seguida, nós nos dirigimos à menina: "Pelo que você precisa de oração?". Ela fixou os olhos em mim, mas não disse uma só palavra. Repeti a pergunta, mas, novamente, não obtive resposta alguma. Confesso que experimentei um sentimento estranho. Em meio àquela situação confusa, sem entender o porquê a conversa havia se transformado em um monólogo, a mãe da menina falou: "Ela está perdendo a audição; não pode ouvi-lo. Também está perdendo a visão. Quando tinha 10 anos, teve uma doença grave que, aos poucos, foi progredindo. Hoje, está com 15 anos e teve de sair da escola, porque não conseguia mais enxergar a lousa nem ouvir o que a professora dizia". Naquele instante, virei em direção à Julia e orei: "Espírito Santo, precisamos da Sua ajuda agora". Tudo o que veio a seguir foi extremamente simples. Colocamos as mãos sobre ela, repreendemos todo espírito de surdez e cegueira, e declaramos cura imediata, em nome de Jesus. Ao fim, perguntei: "Julia, como você está?". Foi quando, para a nossa surpresa, ela respondeu: "Estou ouvindo você!". Não podíamos acreditar que aquilo estava mesmo acontecendo. Sua mãe começou a chorar e, então, depressa pegamos uma Bíblia para testar a visão também. Ela conseguia ler perfeitamente. Ambas choravam e glorificavam a Deus; e, ali, tanto mãe quanto filha foram restauradas no corpo, na alma e no espírito.

O que começa na Igreja deve fluir para fora e alcançar os lugares por onde passamos. Em Ezequiel 47 diz:

> Depois disto, o homem me fez voltar à entrada do templo, e eis que saíam águas de debaixo do limiar do templo, para o oriente; porque a face da casa dava para o oriente, e as águas vinham de baixo, do lado direito da casa, do lado sul do altar. Ele me levou pela porta do norte e me fez dar uma volta por fora, até à porta exterior, que olha para o oriente; e eis que corriam as águas ao lado direito. (vs. 1-2)

O rio de águas vivas nasce dentro do templo, mas flui para fora. O interessante é que, quanto mais longe do templo aquele rio estava, mais profundas eram as águas. Quando a mudança genuína acontece, ela começa por dentro, e somente depois atinge o lado de fora. No momento em que passa a agir no interior, é impossível que o exterior continue igual. Da mesma maneira ocorre em nós ao sermos encontrados pelo Rio de Águas Vivas. Não podemos escondê-lo dos sedentos, precisamos compartilhá-lo. E é isso que os capítulos 2 e 4 do livro de Atos revelam. É interessante reparar no uso das palavras nesses textos. Apesar da progressão no número de almas acrescentadas de Atos 2 — três mil — para Atos 4 — cinco mil —, o capítulo 6 escolhe um termo diferente para descrever esse acréscimo:

> Apresentaram-nos perante os apóstolos, e estes, orando, lhes impuseram as mãos. Crescia a palavra de Deus, e, em Jerusalém, se **multiplicava** o número dos discípulos; também muitíssimos sacerdotes obedeciam à fé. Estêvão, cheio de graça e poder, fazia prodígios e grandes sinais entre o povo. (Atos 6.6-8 – grifo do autor)

"Multiplicava". Multiplicar, a meu ver, não é o mesmo que apenas acrescentar — palavra usada nos capítulos anteriores. Acrescentar tem ligação direta com adição, enquanto a multiplicação parece carregar um peso e potencial muito maior em relação a resultados. Por exemplo, sabemos que 4 + 4 = 8, mas 4 x 4 = 16. Em outras palavras, o que o texto parece sugerir é que a Igreja Primitiva chegou a tal ponto de maturidade que todas as pessoas eram representantes do Evangelho, o que a fazia crescer não apenas em soma, mas em multiplicação, assim como acontece em temporadas de avivamentos.

Agora, esse grande crescimento no número de cristãos pode até ter início com a pregação de uma quantidade pequena de pessoas de Deus, mas só é capaz de continuar quando a Igreja também abraça esse encargo e unção. No instante em que isso ocorre, ela começa a se expandir, já que todos são embaixadores do Reino. Foi o que aconteceu com o Jesus People Movement, um mover que tocou a Califórnia de 1967 até 1971, quando aproximadamente 2 milhões de adolescentes foram salvos por intermédio da liderança de Chuck Smith e Lonnie Frisbee. Nessa época, o movimento *hippie* estava no auge na Califórnia, que é um dos grandes centros de formação da cultura americana e mundial. E em meio a tudo isso, milhões de adolescentes entregavam suas vidas a Cristo.

Da mesma maneira, quando o avivamento de Gales começou, liderado por Evan Roberts, mais de 20 mil pessoas aceitaram a Jesus apenas nos primeiros quarenta dias. Em seis meses, esse número subiu para 100 mil. O mover de Deus foi tão forte naquele tempo, que os jogos das ligas locais de futebol foram cancelados e diversos estabelecimentos fechados aos domingos para que as pessoas pudessem frequentar a igreja.

No período do primeiro grande despertar com John Wesley, ele deixou mais de 10 mil células na Inglaterra, com aproximadamente 100 mil membros, depois de sua morte. Sete anos mais tarde, as células continuavam crescendo e já contavam com 144 mil discípulos. Em 1837, esse número chegou a 658 mil pessoas.

Sempre que um derramar do Espírito Santo vem, o despertar da Igreja se desenrola a seguir, mas com o propósito de sair e refletir a Cristo do lado de fora, por meio de salvação, curas e pessoas sendo conectadas com Deus.

A Bíblia nos conta que a história do homem aleijado, de Atos 3, continua e que após ser curado, aquele homem que ficava do lado de fora entrou no templo para adorar ao Senhor e se tornou parte da família. A cura não é o fim, mas um dos veículos utilizados pelo Pai para trazer uma pessoa para mais perto d'Ele. Foi o que aconteceu também com a mulher samaritana em João 4:

> Afirmou-lhe Jesus: Quem beber desta água tornará a ter sede; aquele, porém, que beber da água que eu lhe der nunca mais terá sede; pelo contrário, a água que eu lhe der será nele uma fonte a jorrar para a vida eterna. (vs. 13-14)

A Escritura revela que, depois de receber uma palavra de conhecimento e ter um curto diálogo com Jesus, a mulher samaritana voltou para seu vilarejo e contou a respeito do Mestre. Todos passaram a acreditar em Cristo por causa dela, que havia bebido da Água mencionada em Ezequiel 47 e, a partir dali, teve um rio de águas vivas jorrando de seu interior.

A grande onda de salvação tem início, portanto, quando a Igreja entende e passa a viver a revelação de que as águas vivas fluem por nosso intermédio. Não somos uma lagoa que retém, mas um rio que se expande e traz vida por onde se move.

Outro importante sinal que ocorre durante temporadas de grande colheita de almas é a unidade entre as igrejas. Obviamente, mesmo em meio a um mover de Deus, há os críticos e opositores que entram em cena, sendo contrários ao que está acontecendo, muitas vezes por não compreenderem o que o Senhor está fazendo; assim como os religiosos que se insurgiram contra a Igreja Primitiva por inveja das multidões que eram curadas e libertas (cf. Atos 5.16-17). Por outro lado, muitas igrejas se unem em prol daquilo que Deus está realizando, já que apenas algumas comunidades específicas não são suficientes para conter o grande número de almas que encontram Jesus e começam a entrar no templo.

A pesca maravilhosa de Lucas 5 narra o episódio em que os discípulos, que eram pescadores profissionais, trabalharam a noite inteira, porém sem sucesso. Então, Jesus disse:

> [...] "**Vá para onde as águas são mais fundas**", e a todos: "Lancem as redes para a pesca". Simão respondeu: "Mestre, esforçamo-nos a noite inteira e não pegamos nada. Mas, porque és tu quem está dizendo isto, vou lançar as redes". Quando o fizeram, pegaram tal quantidade de peixe que as redes começaram a rasgar-se. Então fizeram sinais a seus companheiros no outro barco, para que viessem ajudá-lo; e eles vieram e encheram ambos os barcos, a ponto de quase começarem a afundar. Quando Simão Pedro viu isso, prostrou-se aos pés de Jesus e disse: "Afasta-te de mim, Senhor, porque sou um homem pecador!". Pois ele e todos os seus companheiros estavam perplexos com a pesca que haviam feito. (vs. 4-9 – NVI – grifo do autor)

Muitas vezes, não temos impacto evangelístico porque não estamos vivendo em profundidade suficiente para pescar. Jesus não critica a rede que eles estavam usando, mas o fato de estarem pescando em águas rasas. Quando obedeceram ao Mestre, contudo, pescaram tantos peixes que a rede começou a se romper. A rede representa a estrutura. Quando Pedro percebeu que não tinha força suficiente para conter sozinho a demanda de peixes [almas], fez sinal para que os outros companheiros viessem ajudá-lo.

Não apenas em um contexto de avivamento, mas principalmente em ocasiões como essa, precisamos que as igrejas se unam para absorver a demanda de pessoas, para discipular e cuidar dos que estão vindo. Não existe competição, e sim unidade, pois entendemos que a rede estourará se caminharmos sozinhos.

Randy Clark, um avivalista e pregador internacional, diz que o avivamento é bagunçado; e, se estamos orando por ele, devemos ter consciência de que os bebês na fé virão. Isso resultará em fraldas, sujeira, discipulado, amor, confronto, paciência e pastoreio. É por esse motivo que o avivamento sustentável não tem apenas uma igreja saudável como palco. Não é possível discipular uma nação ou uma grande colheita apenas com poucos pastores e líderes; precisamos das pessoas que estão nos outros barcos. Por isso, sinalizamos a elas para que nos ajudem a carregar a rede cheia, e, juntos, possamos voltar para a praia com os peixes que conseguimos pegar em unidade.

CAPÍTULO 6
O ESPÍRITO DO SENHOR ESTÁ SOBRE MIM

Um cristão não envolvido com evangelismo é como um bombeiro que corre para um prédio em chamas apenas para ajeitar um quadro na parede.

Dwight L. Moody

Quando o avivamento chega, é comum acontecerem sinais e maravilhas, curas, fluir profético e outras manifestações palpáveis do poder de Deus, como consequência direta da unção derramada e da presença do Espírito Santo. Apesar de, muitas vezes, nós nos equivocarmos a respeito de seu significado e intenção, é imprescindível entender que a unção sempre vem com um propósito, e é isso o que Isaías revela no capítulo 61:

> O Espírito do Senhor Jeová está sobre mim, porque o Senhor me ungiu **para** pregar boas-novas aos mansos; enviou-me a restaurar os contritos de coração, a proclamar liberdade aos cativos e a abertura de prisão aos presos. (Isaías 61.1 – ARC – grifo do autor)

Seria extremamente trágico reduzir o trabalho do Espírito Santo em nossa vida a apenas uma experiência ou sensação. Existe um propósito para a unção: devemos ser agentes que carregam o amor e as Boas Novas, a fim de pregar o Evangelho aos mansos, restaurar os contritos de coração, proclamar liberdade aos cativos e a abertura de prisão àqueles que estão presos (cf. Isaías 61.1). Esse trabalho é de todos os que receberam o Espírito Santo, que são filhos e filhas e têm a revelação de que são embaixadores do Reino de Deus aqui na Terra (cf. 2 Coríntios 5.20).

É interessante notar que Isaías 61.1, que é uma profecia messiânica, a mesma que Jesus declara sobre si em Lucas 4, revela que a própria unção não era somente para que Ele fosse poderoso ou fluísse nos dons. Era para que nós, assim como Ele, pregássemos o Evangelho e levássemos as pessoas a encontros com Sua presença, para que fossem libertas e restauradas.

A respeito disso, lembro-me de ter participado, com minha esposa e outras duas pessoas, de uma ação evangelística. Fomos para um dos maiores bairros de prostituição a céu aberto do Brasil. Chegando lá, saímos pelos arredores, convidando as pessoas para um evento chamado Festa na Rua, que é uma iniciativa da 27 Million, um braço do The Justice Movement, que combate o tráfico humano e a escravidão moderna.[1] Naquele dia, nós abordamos duas mulheres e perguntamos se poderíamos orar por elas. Eu estava nervoso e cercado por um ambiente oprimido. Ali, definitivamente, era um lugar escuro, em que as pessoas muito provavelmente estariam fechadas e seria difícil pregar. Pelo menos, era o que eu pensava — e

---

[1] Para mais informações, acesse: The Justice Movement — movimento de transformação. Disponível em *https://thejusticemovement.org/*.

estava certo. As mulheres para quem oferecemos oração não a aceitaram. Eu sabia que estavam trabalhando e não queria ser um crente chato, mas já que estava ali, insisti, garantindo que seria breve, e que apenas abençoaria a vida delas e traria uma palavra. Mas elas negaram novamente e disseram que não precisavam de nada. Eu me mantive firme e lhes assegurei que seria rápido, que entregaria uma palavra muito específica sobre suas vidas e que ninguém lhes faria nada de mal. Depois, prometi, iríamos embora. Então, elas finalmente aceitaram e nos convidaram a entrar no prostíbulo em que moravam. Antes da oração, as mulheres nos disseram que iriam se vestir. Quando voltaram, demos as mãos, e eu clamei para que o Espírito Santo viesse com poder e fizesse a Sua vontade ali. Fechei os olhos por menos de cinco segundos e tive uma sensação. Não foi uma visão ou palavra, simplesmente senti que o filho de uma delas começaria a dizer que o seu sonho era ser cientista. Parei a oração imediatamente e perguntei:

— Por acaso você tem um filho?

— Sim, eu tenho um filho de 7 para 8 anos! — respondeu enquanto fixava seu olhar assustado em mim.

— Sinto que ele vai começar a dizer que quer ser cientista. Deus deu uma sabedoria e inteligência muito grande para o seu filho e ele usará essas habilidades para que o Reino d'Ele seja estabelecido na área da saúde. O Senhor lhe dará os recursos necessários, abrindo uma outra porta de emprego para você. Assim, poderá financiar a educação de seu filho.

Ela começou a chorar compulsivamente, enquanto confirmava que o menino chegava da escola todos os dias e lhe dizia que tinha o sonho de ser cientista. Sem pensar duas vezes, a outra mulher olhou para mim e perguntou: "Você também interpreta sonhos?". Eu me virei para Kristin, dei uma risada, e respondi: "Se o Espírito Santo me revelar, posso interpretar". No sonho, uma cobra entrava em sua casa e picava o seu filho, que secava e morria. Enquanto ela falava, eu me lembrei de algumas experiências que tive na África, onde sempre comentavam que esse animal representava o envolvimento com feitiçaria. Então, perguntei se ela tinha alguma ligação com macumbas ou bruxaria. Espantada, a outra mulher, que ainda chorava pelo filho, virou-se para ela e disse: "Falei para você que era isso! Você não pode ficar mexendo com essas coisas!". A segunda mulher, então, confirmou o envolvimento e questionou o que precisava fazer a partir dali, e eu disse que deveríamos orar. Antes de iniciar a oração, ela pediu que esperássemos até que buscasse o filho. Dez minutos mais tarde, voltou com o menino. Oramos por eles e a presença de Deus veio de maneira muito forte naquele cômodo. Logo depois, trouxemos uma palavra de conhecimento para ele, que começou a chorar muito. Nem mesmo sua mãe sabia explicar o que estava acontecendo, já que ele odiava igrejas e qualquer tipo de religião. Enquanto falávamos de Jesus, ele chorava desesperadamente, e quando perguntamos se queria aceitá-lO, respondeu que sim. Naquele dia, famílias foram extremamente abençoadas, mas nós fomos ainda mais, pela honra que tivemos de fazer parte de algo daquela magnitude.

A unção que recebemos não foi feita para ser protegida por quatro paredes. Na verdade, a única maneira de a mantermos é compartilhando-a. Precisamos dividir com o mundo o que recebemos por meio de oração, palavras de conhecimento ou proféticas; devemos fazer algo com essa unção.

Muitos dizem estar estagnados ou bloqueados, e usam esse argumento como desculpa para não agir, apenas receber. A chave para esse problema é o derramar. Quando utilizamos um pouco da unção que Deus já nos deu, ela começa a fluir e multiplicar, e, então, somos ainda mais cheios da Sua presença. No Reino, enquanto damos, nós recebemos, e quanto mais entregamos, mais conquistamos. É o que revela Provérbios 11.24: "Há quem dê generosamente, e vê aumentar suas riquezas; outros retêm o que deveriam dar, e caem na pobreza" (NVI).

Por essa razão, não precisamos esperar ter muito para compartilhar. Pelo contrário, podemos e devemos dividir o que já nos foi confiado.

O livro de 2 Reis, capítulo 4, conta a história de uma mulher que perdeu o marido e viu-se endividada, correndo o risco de ter seus filhos levados como escravos caso não quitasse o débito. Ela foi até Eliseu pedir ajuda, talvez uma oração, um milagre, uma manifestação do poder de Deus ou uma transferência de unção, e ele lhe disse: "[...] o que você tem em casa?" (v. 2 – NVI). Quando falamos a respeito de "casa", sob a perspectiva da dispensação da graça, estamos nos referindo ao templo do Espírito Santo (cf. 1 Coríntios 6.19). Aquela mulher desesperada respondeu dizendo que tinha apenas um pouco de azeite, que é a representação da presença do Consolador. O que Eliseu fez a seguir não foi profetizar ou transferir unção, mas afirmar que ela já tinha tudo o que precisava.

A entrega garantirá que o azeite continue fluindo. Quanto mais compartilhamos, mais ele se multiplica. Em outras palavras, o derramar da unção gera mais unção, e foi exatamente isso o que aconteceu com aquela mulher:

Então, disse ele: Vai, pede emprestadas vasilhas a todos os teus vizinhos; vasilhas vazias, não poucas. Então, entra, e fecha a porta sobre ti e sobre teus filhos, e deita o teu azeite em todas aquelas vasilhas; põe à parte a que estiver cheia. Partiu, pois, dele e fechou a porta sobre si e sobre seus filhos; estes lhe chegavam as vasilhas, e ela as enchia. Cheias as vasilhas, disse ela a um dos filhos: Chega-me, aqui, mais uma vasilha. Mas ele respondeu: Não há mais vasilha nenhuma. E o azeite parou. (2 Reis 4.3-6)

Ela voltou para casa e pegou vasilhas emprestadas de muitas pessoas, e a Palavra nos mostra que, enquanto ainda havia recipientes, o azeite fluía. As vasilhas representam as pessoas que recebem a unção que foi derramada sobre nós, ou seja, no momento em que paramos de compartilhar o que o Espírito Santo colocou em nossas vidas, ficamos estagnados espiritualmente. Se não estivermos dispostos a dividir o azeite que já temos, não há motivo para clamar por mais unção. Tantas vezes, pedimos por isso com o objetivo de pregar, ressuscitar mortos e curar enfermos, e eu entendo que exista valor nisso, porém o que Deus quer é que usemos o que Ele já nos deu. Quantidade não é um problema, apenas derrame sobre as pessoas, e esteja constantemente bebendo da Fonte. Se formos fiéis no pouco, Ele nos colocará sobre o muito (cf. Mateus 25.23).

Conforme compartilhamos a unção, ela aumenta; todavia, se paramos de repartir, não há motivo para que seja derramada sobre nós. Não podemos nos tornar cristãos "inchados", pulando de conferência em conferência, apenas esperando uma próxima profecia ou experiência sobrenatural para registrar na memória. É evidente que esses eventos são importantes e renovadores, bem como as palavras proféticas. O problema é que muitos acabam se tornando "colecionadores de profecias" e vivendo o mesmo cristianismo ano após ano, simplesmente por não compartilharem aquilo que recebem. Não acumule para si o que foi derramado sobre você, coloque em prática.

Paulo disse que Timóteo já havia recebido o dom de Deus por intermédio da imposição de suas mãos, mas aquele dom tinha de ser despertado:

> Por essa razão, torno a lembrar-lhe que mantenha viva a chama do dom de Deus que está em você mediante a imposição das minhas mãos. Pois Deus não nos deu o espírito de covardia, mas de poder, de amor e de equilíbrio. (2 Timóteo 1.6-7 – NVI)

Timóteo não precisava de mais uma conferência de milagres ou uma palavra de encorajamento do seu pai espiritual; só tinha de colocar em prática o que estava adormecido dentro dele. Inúmeros cristãos estão esperando muito tempo e, por isso, acabam perdendo o *kairós*[2] de realizar aquilo que já receberam da parte de Deus. Se aguardarmos pelo momento em que nos sentiremos "superungidos" para orar por um enfermo ou dar passos de fé, nunca faremos nada. Mas, quando colocamos a nossa fé em ação, a unção que já existe dentro de nós tem espaço para se expandir.

Oro não somente para que o Senhor traga uma unção nova, mas que também destrave tudo o que já existe em você. Que, ao longo de seus dias, você procure vasilhas [pessoas] nos locais por onde passa, para derramar o azeite que tem. O Espírito de Deus está sobre você e já ungiu sua vida para pregar as Boas Novas (cf. Isaías 61.1).

---

[2] Define-se como "medida exata"; "tempo oportuno ou próprio". *KAIRÓS* [2540]. *In*: DICIONÁRIO bíblico Strong. Barueri: Sociedade Bíblica do Brasil, 2002. —

CAPÍTULO 7
IDE POR TODO O MUNDO

Considero o mundo inteiro como a minha paróquia.

John Wesley

Uma das últimas coisas que Jesus determinou aos discípulos antes de subir aos Céus foi o "Ide", ou seja, eles deveriam ir ao mundo e compartilhar tudo aquilo que estavam vivendo, vendo e ouvindo. As Escrituras nos revelam, então, que eles saíram por toda a parte e que o Senhor cooperava com eles, confirmando a Palavra por meio de sinais e maravilhas. Isso significa que a Grande Comissão queima no coração de Deus; e quando obedecemos a essa ordenança, Ele nos ajuda, realizando o sobrenatural. Os registros no livro de Marcos confirmam isso:

> E disse-lhes: Ide por todo o mundo e pregai o evangelho a toda criatura. Quem crer e for batizado será salvo; quem, porém, não crer será condenado. Estes sinais hão de acompanhar aqueles que creem: em meu nome, expelirão

demônios; falarão novas línguas; pegarão em serpentes; e, se alguma coisa mortífera beberem, não lhes fará mal; se impuserem as mãos sobre enfermos, eles ficarão curados. De fato, o Senhor Jesus, depois de lhes ter falado, foi recebido no céu e assentou-se à destra de Deus. E eles, tendo partido, pregaram em toda parte, cooperando com eles o Senhor e confirmando a palavra por meio de sinais, que se seguiam. (Marcos 16.15-20)

Quando mencionamos a Grande Comissão, é natural a associarmos aos primeiros apóstolos — como Pedro, João e Paulo —, uma vez que esses homens foram essenciais para o estabelecimento da Igreja Primitiva. Ou lembrarmos, também, de nomes, como Billy Graham, que viajou para 185 países em mais de 70 anos de ministério. Ele alcançou, pessoalmente, mais de 210 milhões de pessoas, sem considerar o impacto que causou por meio do rádio e da televisão, o que contabilizaria mais de 2 bilhões de pessoas. Outro nome que me vem à mente é o de Loren Cunningham, líder e fundador da Jocum [Jovens com uma Missão], responsável pela plantação de centenas de bases de treinamento missionário em todo o mundo. Cunningham visitou todos os países da Terra, a fim de levar o poderoso Evangelho de Jesus Cristo.

O exemplo de homens como esses ainda impacta e encoraja milhões de pessoas. Eles construíram um legado de amor a Deus, paixão pelo perdido, integridade e caráter para as próximas gerações. Existe um grande valor em pregadores como eles, que foram chamados para impactar multidões em diversas nações. Precisamos celebrar e honrar a história desses pais na fé.

Contudo, a verdade é que nem todos foram convocados para pregar o Evangelho usando um microfone. Nem todos serão pastores ou evangelistas internacionais, e essa é a beleza do Reino de Deus, pois ele não cabe dentro das quatro paredes de uma igreja. Precisamos de mais pessoas falando sobre Jesus e influenciando as demais esferas da sociedade. Em outras palavras, o encargo da Grande Comissão, entregue por Cristo aos discípulos, não é restrito apenas aos grandes evangelistas e avivalistas. Todos aqueles que O aceitam estão, automaticamente, escalados para jogar essa partida. Uma das maiores tragédias que cometemos como Igreja, no tocante ao evangelismo, é acreditar que apenas os discípulos mais "ungidos" foram comissionados para levar salvação aos perdidos. Enquanto isso, o restante pode sentar-se nas cadeiras aos domingos, comer pipoca e ouvir testemunhos, crendo que a participação em missões ocorre somente ao dar uma oferta missionária. Essa nunca foi a vontade do Mestre. Ele sempre empoderou Seus discípulos para que pudessem proclamar salvação, treinar e enviar outras pessoas. Paulo utilizou essa mesma estratégia, instruindo Timóteo a preparar líderes, homens fiéis e honestos que fossem capazes de ensinar (cf. 2 Timóteo 2.2). Ou seja, o apóstolo estava dizendo a seu filho na fé que o crescimento e o sucesso da igreja de Éfeso não poderiam depender apenas de seu ministério, sendo necessário o treinamento de mais pessoas.

Ao nos referirmos a essa grande colheita, é importante entender que não se trata de uma sugestão, mas de uma comissão. Nós, da mesma forma que os discípulos, temos a plenitude do Espírito Santo conosco, o que não nos permite escolher entre abraçar ou não a Grande Comissão. No instante em que decidimos andar com Jesus, não temos a possibilidade de selecionar as partes que mais nos convêm e rejeitar o resto.

Ele é quem dita as regras e, se queremos fazer parte do time, precisamos obedecer às normas que já foram estabelecidas. O Ide é uma ordem, gostemos ou não.

Diante disso, é essencial sublinhar que esse comissionamento divino não se resume apenas a ações evangelísticas em nossas igrejas locais, tampouco está relacionado somente com viagens missionárias para outras nações. O Ide é um comissionamento diário que deve ser levado para as áreas e os locais em que estamos inseridos. Evidentemente, inclui todas as tribos, ilhas e até os lugares mais distantes da Terra, já que é uma ordenança de alcance mundial.

Como Igreja, ainda temos muito espaço para crescer nesse aspecto, porém não podemos restringi-lo aos "missionários das nações" e nos esquecer de que nossas cidades, bairros, trabalhos, universidades e casas também fazem parte do mundo. Temos de entender que tão espiritual quanto ser enviado como missionário para a África é o impacto que podemos causar exatamente onde estamos agora. Por isso, se você tem um chamado ministerial para um país distante, como o Japão, não espere nem mais um segundo. Vá ao restaurante japonês mais próximo da sua casa e fale para o chefe daquele estabelecimento o quanto Jesus o ama!

Agora, talvez você não tenha chamado para se tornar um missionário em outro país, mas quem sabe você será o único contato genuíno com Cristo que alguém terá na academia onde faz seus exercícios, no supermercado onde faz suas compras, no escritório em que trabalha ou até mesmo na universidade onde estuda. Por esse motivo, devemos estar sempre alertas e disponíveis, lembrando que ainda não chegamos em Casa e que, enquanto aguardamos essa volta, estamos a serviço do

Reino aqui na Terra. A sua participação hoje é importantíssima para a expansão do Evangelho da salvação.

As Escrituras revelam que a chave para o crescimento numérico da Igreja Primitiva veio por intermédio do protagonismo e da colaboração de todos os seguidores de Jesus, e não apenas dos apóstolos. Dessa forma, podemos afirmar que o cristianismo não é um jogo a que assistimos, mas, sim, um de que participamos ativamente. Isso é claro ao lermos o livro de Atos. Os primeiros versículos do capítulo 8 falam sobre uma forte perseguição que abateu a Igreja, fazendo com que os discípulos se dispersassem para várias cidades, com exceção dos apóstolos, que permaneceram em Jerusalém:

> E Saulo consentia na sua morte. Naquele dia, levantou-se grande perseguição contra a igreja em Jerusalém; e todos, exceto os apóstolos, foram dispersos pelas regiões da Judeia e Samaria. Alguns homens piedosos sepultaram Estêvão e fizeram grande pranto sobre ele. Saulo, porém, assolava a igreja, entrando pelas casas; e, arrastando homens e mulheres, encerrava-os no cárcere. Entrementes, os que foram dispersos iam por toda parte pregando a palavra. Filipe, descendo à cidade de Samaria, anunciava-lhes a Cristo. (vs. 1-5)

Chegamos à conclusão, portanto, de que o cumprimento da profecia entregue por Jesus, de que o Evangelho alcançaria Samaria e até os confins da terra (cf. Atos 1.8), não se iniciou diretamente com a pregação dos apóstolos — uma vez que estavam em Jerusalém —, mas com os discípulos que foram dispersos por causa das perseguições. Todos fugiram de lá, mas pregaram a Palavra nos lugares por onde passaram. Foi assim que Samaria começou a ser impactada pelas Boas Novas:

enquanto via os milagres acontecendo, a multidão foi tomada de grande alegria (cf. vs. 6-8). A dispersão dos discípulos foi crucial para o avanço do Reino, pois empurrou todos os seguidores de Jesus para fora de sua zona de conforto, fazendo-os entender que também poderiam ser usados por Deus para salvar, restaurar, curar e libertar.

A verdade é que você não conseguirá levar o seu pastor ou líder para dentro do seu trabalho, a fim de espalhar esperança para os seus colegas e amigos. A honra está justamente em entender Quem carregamos e representamos. Temos a oportunidade de levar Jesus e precisamos não apenas valorizar isso, como também nos mobilizar para que aconteça de fato.

A Grande Comissão convoca a **todos**: adolescentes, crianças, idosos, adultos, jovens ou pessoas que não são chamadas para o ministério em tempo integral. No Corpo de Cristo não existe um espectador sequer; todos somos colaboradores. E, quando fazemos a nossa parte, novas pessoas têm a chance de entrar para a família.

O Ide, na verdade, é a receita para o crescimento da Igreja. Apesar de terem a sua importância dentro do Reino, eventos e conferências não podem substituir o impacto causado por intermédio do comissionamento dos santos. Quando entendemos que a comissão foi feita para todos os discípulos de Jesus, o que também nos inclui, não estando restrita apenas a homens específicos, passamos a nos mover com um senso maior de responsabilidade.

É certo que quando discutimos sobre avivamento há uma significativa expansão do Reino — devido ao grande número de conversões, já que o Evangelho é pregado com poder e autoridade —, além da ênfase dada ao evangelismo e às missões. Logo, em períodos como esse, é natural que exista um forte movimento de plantação de igrejas, motivado pelo crescimento quantitativo de discípulos.

Por outro lado, é crucial entendermos o coração de Jesus em relação às almas. Ele nos enviou para trazer os perdidos ao Pai, e não para olhá-los apenas como números. A nossa motivação não deve ser a quantidade de pessoas que vêm para o Reino, e sim o amor e a compaixão que temos por elas. Cristo pregava e Se importava com as multidões da mesma maneira que pregava e Se importava com uma única pessoa. Ele comparecia independentemente de quantos estivessem no culto. O Mestre ensinou apaixonadamente para uma multidão no sermão do monte (cf. Mateus 5-7) e, com essa mesma paixão, conversou com a solitária mulher samaritana (cf. João 4.5-29). Ele nos deixou claro que todos são importantes.

As pessoas estão à espera da nossa manifestação (cf. Romanos 8.19). Não existe uma alma tão longe de Deus que não possa ser alcançada por Ele, nem tão suja que não possa ser purificada. Nada pode separar a humanidade de Seu grande amor, que está pronto para encobrir uma multidão de erros (cf. 1 Pedro 4.8). Quando Jesus conversa com os discípulos a respeito da seara, em Mateus 9, Ele não os direciona a orar pelo trabalho, mas para que o Senhor envie ceifeiros. A grande colheita já está pronta, pois Deus colocou a eternidade dentro do coração do homem (cf. Eclesiastes 3.11). Assim, conforme o próprio Cristo mencionou, nosso foco de oração precisa ser para que o Pai mande trabalhadores que anunciarão o Evangelho:

E percorria Jesus todas as cidades e povoados, ensinando nas sinagogas, pregando o evangelho do reino e curando toda sorte de doenças e enfermidades. Vendo ele as multidões, compadeceu-se delas, porque estavam aflitas e exaustas como ovelhas que não têm pastor. E, então, se dirigiu a seus discípulos: A seara, na verdade, é grande, mas os trabalhadores são poucos. Rogai, pois, ao Senhor da seara que mande trabalhadores para a sua seara. (Mateus 9.35-38)

No grego, a palavra "mande" é *ekballo*, que significa enviar, expulsar com violência ou banir de uma sociedade.[1] Ou seja, à luz dessa definição, o que Jesus fala em Mateus 9 não é algo muito convidativo. O versículo seria então: "Orem para que os ceifeiros sejam enviados com violência ou sejam expulsos para as searas", e não: "Orem para que os ceifeiros sintam se é a vontade de Deus que eles sejam enviados para a seara". A oração de Cristo era que os trabalhadores rompessem as quatro paredes e anunciassem a Palavra com ousadia.

O interessante é que essa não é a única ocorrência da palavra *ekballo* nas Escrituras. Na realidade, ela aparece em diversos outros momentos no Novo Testamento, na maioria das vezes, com uma conotação ligada à expulsão de demônios, como em Mateus 8.31 e 10.1: "E os demônios rogaram-lhe, dizendo: Se nos expulsas [*ekballo*], permite-nos que entremos naquela manada de porcos" (8.31 – ARC – acréscimo do autor); "E, chamando os seus doze discípulos, deu-lhes poder sobre os espíritos imundos, para os expulsarem e para curarem toda enfermidade e todo mal" (10.1 – ARC).

---

[1] *EKBALLO* [1544]. *In*: DICIONÁRIO bíblico Strong. Barueri: Sociedade Bíblica do Brasil, 2002.

Portanto, quando Jesus escolheu utilizar a mesma palavra que empregava para expulsar demônios, Ele quis revelar que apenas ela poderia refletir Seu coração, anseio e preocupação em relação à necessidade de a Igreja ir em busca daqueles que estão fora.

No momento em que nós nos fechamos em nosso "mundinho" e somos submersos por uma "cultura gospel", perdemos nossa influência e autoridade. Esquecemos o propósito pelo qual existimos. Não fomos feitos para viver dentro de uma bolha. A igreja é o espaço de comunhão que deve ser visto como um centro de treinamento e capacitação para que os discípulos sejam enviados a diversas áreas da sociedade, a fim de anunciar o Evangelho da salvação e do Reino.

Certa ocasião, quando eu ministrava aulas na África do Sul, em uma base missionária da Jocum, senti que deveria falar a respeito do *ekballo* do Senhor — a maneira como Ele deseja enviar as pessoas com violência para salvar os perdidos. Prestes a encerrar a aula, que mais parecia um culto, o Espírito Santo falou comigo de forma veemente: "Namíbia". Ele havia sido claro, então comecei a questionar o significado daquilo. Logo em seguida, tive uma impressão de que naquele salão havia um jovem com um chamado para a Namíbia, mas que, pelo medo e falta de recursos, estava abrindo mão do comissionamento. Terminei a ministração, mas não compartilhei o que havia recebido. Entreguei o microfone ao pastor e, enquanto ele concluía a reunião, eu ainda ouvia aquela palavra ecoando dentro de mim. Ali, comecei a entender, na prática, o Espírito Santo me "*ekballo*" para tomar a palavra novamente e contar o que Ele havia me dito. Pedi licença ao pastor e obedeci. Ao terminar, perguntei se alguém se encaixava naquela situação.

No fundo do salão, um menino, aos prantos, levantou a mão assustado e veio caminhando até o púlpito. Ele era de Burundi e tinha ido para a África do Sul para ser treinado e enviado à Namíbia como missionário. Entretanto, naquela mesma manhã, o jovem havia enviado uma mensagem para seu pai, afirmando que estava desistindo por causa da falta de recursos e, a menos que o Senhor falasse com ele de modo inconfundível, voltaria para a casa dos pais.

No instante em que aquele rapaz compartilhou essas palavras comigo, senti o Espírito de Deus invadindo a reunião de uma forma tão contundente, que até mesmo o semblante daquele jovem havia mudado. Ele fora encorajado pela confirmação em relação à Namíbia, e o Espírito Se moveu de uma maneira linda, não apenas em sua vida, mas também no coração de todos os que estavam presentes. Contudo, voltei para o quarto onde estava hospedado e o Espírito de Deus começou a trazer à minha mente: "Não tem a ver com você ou com a palavra de conhecimento que Eu lhe dei; tem a ver com o Meu coração pela Namíbia! Eu amo esse país tão profundamente que quero enviar alguém para fazer a diferença naquele lugar. Você simplesmente falou. Se não falasse, as pedras clamariam".

A ênfase nesse testemunho não está na palavra de conhecimento em si, mas no desejo de Deus de enviar alguém. É essencial que entendamos que toda vez que Ele nos envia, também nos capacita e provê aquilo de que precisamos, seja unção, provisão financeira, ousadia ou quaisquer outros recursos. Assim como o Pai enviou Jesus, Jesus nos enviou e nos presenteou com o Espírito Santo para nos ajudar a cumprir a Grande Comissão: "Disse- lhes, pois, Jesus outra vez: Paz seja convosco! Assim como o Pai me enviou, eu também vos envio.

E, havendo dito isto, soprou sobre eles e disse-lhes: Recebei o Espírito Santo" (João 20.21-22). Quando nos movemos em fé, esses recursos são liberados.

Não fomos salvos para ter uma vida confortável, mas, sim, para cumprir o chamado que recebemos, a fim de estabelecer o Reino de Deus em todos os lugares onde estivermos. A responsabilidade da salvação dos perdidos não é dos evangelistas, mas de todos os que um dia receberam Jesus como Salvador e Senhor.

Seja fiel onde está inserido hoje, independentemente do seu propósito específico, porque o processo para alcançar o que Deus tem para nós é progressivo e exige, além de renúncia, perseverança e transformação. Você não se tornará completamente preparado e aprovado para o seu propósito da noite para o dia. Antes de mais nada, é necessário que sejamos fiéis e que nunca nos esqueçamos de que todo cristão é um missionário. Fomos cheios do Espírito Santo para a nossa própria salvação e transformação, mas também para anunciar o Evangelho e sermos ceifeiros na grande colheita (cf. Mateus 9.35-38).

CAPÍTULO 8
MOVIDOS POR COMPAIXÃO

Eu nunca entendi porque pessoas querem fazer "grandes coisas" [...]; simplesmente faça pequenas coisas com grande amor.

Heidi Baker

É certo que a grande onda de salvação conta com o poder do Espírito Santo para derramar a unção e capacitar cristãos a serem testemunhas da morte e ressurreição de Cristo. Mas isso não resultará em nada se não tivermos amor, pois a colheita de almas é, antes de tudo, um ato de amor. Só transformamos, verdadeiramente, aquilo que amamos. Do mesmo modo, quando vivemos o evangelismo, não fazemos isso porque queremos acrescentar números ao nosso histórico ou desejamos ver milagres, mas porque amamos. Pelo menos, segundo o exemplo relatado em João 3.16, é assim que deveria ser: "Porque Deus amou ao mundo de tal maneira que deu o seu Filho unigênito, para que todo o que nele crê não pereça, mas tenha a vida eterna".

Esse, inclusive, foi o combustível do próprio Deus para financiar a salvação mundial. A despeito de Seu poder e glória, o que O motivou a enviar Seu Filho foi o amor. Da mesma maneira, Jesus, ao longo de Seu ministério, teve o amor como catalisador de curas, cruzadas, milagres e pregações. E, se essa foi a motivação do Senhor, também precisa ser a nossa.

O despertar da Igreja está relacionado ao primeiro mandamento, e isso faz com que a colheita de almas esteja completamente ligada ao segundo. Jesus exemplifica exatamente isso em Mateus 14:

> Desembarcando, viu Jesus uma grande multidão, **compadeceu-se dela** e curou os seus enfermos. Ao cair da tarde, vieram os discípulos a Jesus e lhe disseram: O lugar é deserto, e vai adiantada a hora; despede, pois, as multidões para que, indo pelas aldeias, comprem para si o que comer. Jesus, porém, lhes disse: Não precisam retirar-se; dai-lhes, vós mesmos, de comer. Mas eles responderam: Não temos aqui senão cinco pães e dois peixes. (vs. 14-17 – grifo do autor)

O Mestre não os curou porque era excessivamente poderoso, ou porque era o Senhor dos senhores. Apesar de ser tudo isso, Ele foi movido por íntima compaixão — que, vale ressaltar, não é o mesmo que sentir pena, mas sim colocar-se no lugar do outro. Certa vez, ouvi uma história atribuída à Madre Teresa, que ouviu um comentário de um senhor, afirmando que não daria banho em um leproso nem por um milhão de dólares. Então, ela respondeu: "O senhor não daria banho em um leproso nem por um milhão de dólares? Eu também não. Só por amor se pode dar banho em um leproso".

O amor nos impulsiona a ir além das nossas próprias forças, a fim de que o desejo de Deus seja realizado. Aliás, este foi um traço tão marcante durante o Primeiro Grande Despertar, que George Whitefield e John Wesley, por não serem aceitos para pregar nas igrejas, começaram seus ministérios ao ar livre, apresentando o Evangelho a milhares de pessoas. Nada podia pará-los. Era algo comum para John Wesley pregar 40 vezes por semana. Alguns dizem que, ao longo de sua trajetória ministerial, ele chegou a pregar 40 mil sermões e cavalgar mais de 250 mil milhas [o equivalente a 400 mil quilômetros] para anunciar as Boas Novas.

Se queremos cultivar o evangelismo como estilo de vida, e não como um evento, precisamos captar o coração de Jesus pelos perdidos. No capítulo 2 de 1 Timóteo, Paulo nos ensina que a vontade do Senhor é que todos sejam salvos: "Isto é bom e aceitável diante de Deus, nosso Salvador, o qual deseja que todos os homens sejam salvos e cheguem ao pleno conhecimento da verdade" (1 Timóteo 2.3-4).

É extraordinário imaginar que o mesmo Deus que criou o Universo tenha algum tipo de desejo. Com todo o Seu poder, autoridade e glória, Ele ainda quer que cada pessoa seja salva. Você já parou para pensar que pode realizar a vontade do coração do Senhor? De um lado, temos o Soberano que deseja a salvação do Homem; do outro, a Criação que aguarda ansiosamente a manifestação dos filhos de Deus (cf. Romanos 8.19). Portanto, nós, como Igreja, somos a ponte que conecta o anseio do Pai com a expectativa da humanidade.

Enquanto escrevia e orava por este capítulo, segurava em meus braços o meu filho, Joshua, com apenas uma semana de vida. Em um momento de adoração e oração em espírito, comecei a chorar e agradecer ao Senhor pelo milagre que Joshua significava para a nossa família. O Espírito Santo, logo em seguida, falou comigo: "Esse é exatamente o Meu sentimento". Fiquei sem entender aquilo. Então, ouvi novamente: "Tenho esse mesmo sentimento quando um pecador é salvo. É como segurar um filho recém-nascido pela primeira vez". Precisamos mergulhar no coração de Deus e mostrar ao mundo que Ele não é uma religião ou um livro de regras, mas um Pai amoroso.

As Escrituras nos revelam que, quando Jesus curava as pessoas, Ele era movido por íntima compaixão; inclusive, foi assim ao ressuscitar Lázaro (cf. João 11). Antes de o milagre acontecer, Jesus chorou a ponto de os judeus, que observavam de fora, ficarem impressionados com a maneira como Ele amava o Seu amigo (cf. João 11.35-36). Todavia, se Cristo sabia que o ressuscitaria, já que é onisciente e tem poder para fazer qualquer coisa, por que chorou? Porque foi movido por compaixão. O Mestre Se importava e sentia a dor de Maria e Marta, as irmãs do falecido. Não adianta nos movermos em sinais e maravilhas, realizarmos milagres no nome de Jesus, orar pelas pessoas ou pregar para multidões se tudo isso não for feito com amor. É o que o apóstolo Paulo nos revela ao dizer:

> Ainda que eu fale a língua dos homens e dos anjos, se não tiver amor, serei como o bronze que soa ou como o címbalo que retine. Ainda que eu tenha o dom de profetizar e conheça todos os mistérios e toda a ciência; ainda que eu tenha tamanha fé, a ponto de transportar montes, se não tiver amor, nada serei. E ainda que eu distribua todos os meus bens entre os pobres e ainda que entregue o meu próprio corpo para ser queimado, se não tiver amor, nada disso me aproveitará. (1 Coríntios 13.1-3)

O contexto de 1 Coríntios 13 é muito interessante. Note que ele está inserido entre dois capítulos que discorrem a respeito dos dons do Espírito. Ao inserir esse conteúdo entre eles, é como se Paulo estivesse tratando sobre os dons e decidisse parar um instante para revelar o que deve ser o fundamento de toda a operação: o amor. Isso, porque os dons, assim como tudo na vida cristã, não devem ser executados sem estarem sobre essa base. Nesse sentido, é importante crescermos em unção, poder e no fluir do Espírito Santo, mas precisamos ir além, amadurecendo no conhecimento do amor de Deus por nós e pelas pessoas.

Em Lucas, capítulo 15, Jesus conta a parábola de um pastor que deixou suas 99 ovelhas e saiu em busca de apenas uma que havia se perdido. Agora, pense que essas 99 poderiam ser consideradas ovelhas saudáveis dentro de uma igreja. Talvez estivessem em comunhão, fossem participantes de conferências e cultos avivados; mas aquele pastor, ao deixá-las e sair em busca da que estava perdida, comunica-nos que sua prioridade é trazê-la de volta. A ovelha que retorna gera uma verdadeira festa nos Céus.

Em 2017, quando liderei uma viagem missionária para a África, minha esposa e eu tivemos uma experiência muito marcante em relação a esse posicionamento de Jesus. Duas semanas antes do embarque, tive um sonho. Eu estava em uma casa africana, e sabia disso porque ela era muito simples e tinha o chão de terra batida. Ali, eu falava de Cristo para uma família quando, de repente, um senhor se aproximou de nós, olhou em meus olhos e disse: "Kanimambo!" — que significa "obrigado", na língua changana —, e continuou: "Se Jesus estivesse aqui hoje, faria exatamente o que você está fazendo". Em seguida, aquele senhor sorriu e eu reparei que ele não tinha os dentes da frente. Então despertei, e a presença de Deus invadiu o meu quarto. Acordei a Kristin e disse que o Senhor estava falando conosco. Alguns segundos depois, pouco antes de Ele me levar ao texto de Mateus 14.14, que fala da multiplicação de pães e peixes, escutei-O claramente: "Vocês estão indo para realizar cruzadas evangelísticas, darão treinamentos em escolas para líderes, pregarão em teatros para universitários; mas Eu não quero que se esqueçam do mais importante: compadeçam-se de todos que encontrarem". Naquela manhã, Deus começou a martelar em minha mente nosso dever de nos preocuparmos com cada pessoa, pois todas, individualmente, eram especiais.

Na passagem de Mateus 14, os discípulos chegam até Jesus e comentam a respeito do horário avançado e da necessidade de Ele terminar o sermão que proferia, já que a multidão estava com fome e precisava ser dispensada. Nesse momento, imagino o Mestre pensando: "Ah, então vocês se importam com a multidão!". Mas, o que Ele respondeu e os convocou a fazer foi: "[...] dai-lhes vós de comer" (v. 16 – ARC). Os discípulos trouxeram uma demanda para Cristo, apresentando uma necessidade real, mas Ele devolveu o desafio, sem sequer assegurá-los de que faria um milagre. Diversas vezes, oramos para que Deus alimente a nossa geração, quando Ele é quem está pedindo para que nos posicionemos para alimentá-la. O Evangelho de Marcos nos diz que Jesus perguntou aos discípulos quantos pães eles tinham (cf. Marcos 6.38). Em lugar de focar na falta e na carência, o Senhor escolheu valorizar aquilo que Seus seguidores já carregavam. Pensamos não ter comida suficiente para a multidão, mas se temos cinco pães e dois peixes, temos o suficiente para o milagre da multiplicação. Quando somos movidos por íntima compaixão e entregamos o que temos, isso acaba se tornando o necessário para que muitas pessoas sejam saciadas ou tenham um contato com a ministração da Palavra de Deus, já que o pão representa as Escrituras. Precisamos cultivar um coração que sinta prazer em se entregar para que pessoas tenham um encontro com o Senhor e com a Sua Palavra.

O interessante é que à medida que a passagem de Mateus 14 avança, a Bíblia nos diz que o milagre aconteceu nas mãos dos discípulos. Assim que eles começaram a entregar o pão, houve a multiplicação. Jesus abençoou aquele alimento, deu aos Seus seguidores e, conforme eles o distribuíam, com amor e compaixão, toda a multidão era alimentada. Esse precisa ser o fundamento do que somos e fazemos, ou teremos o mesmo impacto que quaisquer outros que praticam caridade.

No quarto dia de nossa viagem a Moçambique, estávamos evangelizando um vilarejo quando um amigo e eu entramos em uma casa para orar e falar a respeito de Jesus. Quatro pessoas foram curadas de dores nos joelhos, nas costas e deficiência auditiva. Em seguida, apresentamos o Plano da Salvação e aquelas mesmas quatro pessoas foram salvas. Ao fim de nosso encontro, tiramos uma foto para levá-los de volta conosco. Entretanto, mais tarde, observando e aproximando a foto, notei um senhor que estava sorrindo ao fundo; ele não tinha os dentes da frente, apenas os laterais. É claro que eu me lembrava dele, mas fixando meus olhos naquela foto, imediatamente me lembrei do sonho que tive duas semanas antes. Aquele senhor era idêntico ao do meu sonho. Quando me dei conta, meus olhos cresceram e meu coração disparou.

Ali, senti Deus me questionando: "E se Eu tivesse trazido você até aqui para dizer a este único homem o quanto Eu o amo? Independentemente de cruzadas, conferências e tudo o mais que vocês estão fazendo, Eu poderia trazer dezessete pessoas do Brasil, gastando milhares de reais, apenas para dizer a ele o quanto Eu o amo; e, valeria a pena, porque Eu morri por ele!". Enquanto o Senhor falava, comecei a chorar intensamente. Era como se a verdade do Evangelho começasse a lavar meu coração.

Em muitos momentos, nós nos preocupamos com números e sucesso ministerial baseado em resultados, quando o anseio de Deus é que amemos cada pessoa e anunciemos a ela as Boas Novas do Seu amor. Cada indivíduo importa. Todos têm um jeito. O nosso trabalho é amar, testemunhar e saber que o convencimento e a manifestação do poder vêm por intermédio do Espírito Santo (cf. João 16.8), e não da nossa boa oratória. Não existe lugar escuro demais que Jesus não possa invadir com Sua luz. As piores pessoas precisam ser encontradas pelo amor de Deus, e todas são dignas de ouvir o Evangelho e de serem chamadas de filhas. Precisamos aprender a amar os outros do modo que o segundo mandamento nos ensina (cf. Marcos 12.31).

Um dos textos mais notáveis a respeito desse assunto se encontra em Lucas 8.22-39, quando Jesus entrou em um barco com Seus discípulos, cruzou uma tempestade, correndo o risco de morrer, para chegar ao território dos gadarenos e encontrar um homem que, há muito tempo, estava possesso por uma legião de demônios; andava sem roupa e morava em sepulcros. Ao ver o Mestre, a legião se prostrou e implorou para entrar nos porcos que pastavam ali, em vez de ser enviada para um abismo. Os demônios, então, entraram na manada, que se precipitou por um despenhadeiro no lago e se afogou (vs. 28-33).

Os habitantes daquela região foram tomados por grande temor, e pediram que Jesus se retirasse dali. Voltando para o barco, Ele foi abordado pelo homem de quem havia expulsado os demônios, e este lhe pediu permissão para acompanhá-lO. O Mestre, contudo, o despediu, dizendo: "Volta para casa e conta aos teus tudo o que Deus fez por ti. Então, foi ele anunciando por toda a cidade todas as coisas que Jesus lhe tinha feito" (Lucas 8.39).

Cristo, o maior líder e estrategista que já viveu na Terra, teve três anos para cumprir o Seu ministério, e decidiu tirar um dia de Sua agenda agitada para enfrentar uma tempestade, arriscar a vida de doze pessoas, além da Sua própria, para chegar ao outro lado do lago e encontrar um único homem — muito provavelmente, aquele que tinha mais problemas espirituais do Novo Testamento. Após sua restauração, o temor do Senhor caiu sobre a cidade de maneira tão violenta que os habitantes imploraram que Ele fosse embora, sendo, assim, rejeitado por todos. Agora, é muito importante entender que a compaixão por aquele homem somada à certeza de Sua identidade O fizeram suportar a rejeição. O amor quebra qualquer medo (cf. 1 João 4.18). Podemos orar e não ver a cura, ou errar ao proferir uma profecia, mas nunca erraremos amando. O amor nunca falha.

Jesus atravessou uma tempestade por causa de uma pessoa. Número algum poderia motivá-lo, Ele era movido por compaixão e propósito. Eu O imagino voltando de barco e pensando que somente por aquele homem tudo havia valido a pena. Não podemos viver nossa vida de maneira leviana, ignorando a existência de pessoas famintas, que precisam do Pão da Vida que temos. Nós carregamos a resposta.

Há uma expectativa urgente de que os filhos de Deus se manifestem em amor, poder e autoridade, para que o Pai seja revelado por nosso intermédio: "A ardente expectativa da criação aguarda a revelação dos filhos de Deus" (Romanos 8.19).

A humanidade nos aguarda. Creio que a colheita de almas virá respaldada por uma revelação ainda maior do amor e da bondade de Deus. "Convencer" alguém a seguir Jesus por medo do Inferno é insustentável. Precisamos de amor, bondade, poder e autoridade em nossa caminhada, e isso só conquistamos por meio de um relacionamento com Aquele que é e detém todas essas coisas.

CAPÍTULO 9
NÃO PODEMOS FICAR CALADOS

O evangelho é eterno, porém não temos a eternidade para pregá-lo. Nós só temos o tempo que vivemos para alcançar aqueles que vivem enquanto vivemos.

Reinhard Bonnke

A pregação do Evangelho é um ato de poder e coragem. Em Atos 4, a Igreja Primitiva deixou clara essa premissa ao enfrentar grande perseguição por conta do anúncio das Boas Novas, das curas e do mover de Deus. A oração que fizeram foi:

> Agora, Senhor, olha para as suas ameaças e concede aos teus servos que anunciem com toda a intrepidez a tua palavra, enquanto estendes a mão para fazer curas, sinais e prodígios por intermédio do nome do teu santo Servo Jesus. Tendo eles orado, tremeu o lugar onde estavam reunidos; todos ficaram cheios do Espírito Santo e, com intrepidez, anunciavam a palavra de Deus. (Atos 4.29-31)

Mesmo em meio àquele cenário tão difícil, os discípulos não oraram por proteção contra as ameaças, mas por capacitação e ousadia para continuar anunciando a Palavra corajosamente. Às vezes, nós nos deparamos com barreiras ou situações muito complicadas em nossa caminhada, que até podem nos causar desgaste; no entanto, elas não indicam necessariamente que estamos no percurso errado, e sim de que precisamos continuar. Em diversas ocasiões, acabamos estacionando porque temos esperado por conforto, quando o Senhor tem nos instigado a avançar; portanto, assim que sairmos do nosso aconchego, Ele poderá nos usar de uma forma que ainda não experimentamos.

Em 2017, estive com uma equipe do Dunamis no México. Fizemos muitas ações evangelísticas nas ruas, passamos por diversas igrejas locais e presenciamos inúmeras curas. Em determinado momento, porém, decidimos visitar um bairro chamado La Merced, onde está localizado um dos maiores prostíbulos a céu aberto da América Latina. Eu liderava a equipe, então tinha de manter certa aparência de estabilidade e calma, mas a verdade é que estava muito preocupado com o que aconteceria ali. Comecei a orar pedindo ao Espírito Santo que trouxesse uma direção, uma palavra. Então, pouco tempo depois, eu O senti dizendo: "A luz ama brilhar nas trevas e, se vocês forem, Eu os acompanharei".

Ao reconhecermos o bairro e o ambiente, nós nos dividimos em três grupos. O primeiro ficou responsável por convidar as moças para virem até uma barraca que havíamos montado; o segundo, que era composto apenas por mulheres, ficou na barraca, massageando as mãos e pintando as unhas das convidadas. Enquanto faziam isso, profetizavam e oravam por elas.

A terceira equipe, da qual eu fazia parte, ficava em constante oração e adoração pelo bairro. Algum tempo depois de começarmos essas ações pela região, tive uma visão. Vi cadeias sendo quebradas e correntes caindo ao chão. Entretanto, apesar de ter sido muito impactado por tudo aquilo, pedi a Deus que me trouxesse uma confirmação na Palavra. Eu queria me certificar de que o que estávamos fazendo, de fato, tinha poder para mudar a realidade daquele bairro. Imediatamente, o Espírito Santo me lembrou de Paulo e Silas na prisão; ainda assim, pedi por mais um sinal. Orei para que Ele me lembrasse em qual parte do livro de Atos estava aquele relato. Assim que olhei para frente, algo bizarro aconteceu. Diante de mim havia uma casa, e seu número era: 1616. No mesmo instante, o Espírito do Senhor me disse: "Atos 16.16". Quando abri minha Bíblia, era exatamente aquela história. O texto nos diz que:

> Aconteceu que, indo nós para o lugar de oração, nos saiu ao encontro uma jovem possessa de espírito adivinhador, a qual, adivinhando, dava grande lucro aos seus senhores. Seguindo a Paulo e a nós, clamava, dizendo: Estes homens são servos do Deus Altíssimo e vos anunciam o caminho da salvação. Isto se repetia por muitos dias. Então, Paulo, já indignado, voltando-se, disse ao espírito: Em nome de Jesus Cristo, eu te mando: retira-te dela. E ele, na mesma hora, saiu. Vendo os seus senhores que se lhes desfizera a esperança do lucro, agarrando em Paulo e Silas, os arrastaram para a praça, à presença das autoridades; e, levando-os aos pretores, disseram: **Estes homens, sendo judeus, perturbam a nossa cidade.** (Atos 16.16-20 – grifo do autor)

Em outras palavras, como cristãos saudáveis, precisamos ser perturbadores de cidades no bom sentido; pessoas que trarão a cultura do Reino de Deus e que mudarão sistemas corruptos e imorais. Nós temos autoridade para trazer mudança ao pregarmos o Evangelho (cf. Mateus 28.18-20).

Quando as resistências, dificuldades, tribulações e açoites chegam, na maioria das vezes, tendemos a contestar se, verdadeiramente, ouvimos a voz do Senhor ou se estávamos enganados. Por essa razão, costumo defender a necessidade de andarmos com pessoas que nos impulsionam para o nosso propósito. Imagine se Silas fosse um amigo pessimista, que dissesse coisas do tipo: "Paulo, acho que a sua ideia de vir para a Macedônia não era de Deus", ou "Esse papo de levar o cristianismo de forma tão radical é algo da sua cabeça! Não é bem por aí. Podemos pegar mais leve!". Não foi isso que aconteceu. Eles se posicionaram diante daquele cenário e, por volta da meia-noite, começaram a adorar, tirando os olhos das dificuldades e fixando-os em Jesus. Quando o relógio da vida bate a meia-noite, temos de escolher entre valorizar o que o Diabo está fazendo para impedir o avanço do Reino, ou focar em Deus. É óbvio que há ocasiões em que dificuldades nos alcançam pelo fato de não estarmos alinhados com os princípios de d'Ele. Contudo, é interessante perceber que, em muitos casos, as tribulações vêm, não como um sinal de que trilhamos um caminho de pecado, mas exatamente por estarmos debaixo dos princípios divinos, o que, logicamente, faz com que o Inimigo queira nos parar. Nos momentos em que isso ocorre, precisamos entender os acontecimentos como um indício de que devemos avançar, porque são nessas situações que o Senhor esticará nosso espírito e trabalhará ainda mais resiliência e perseverança em nós.

Quando Paulo e Silas cantaram, o lugar onde eles estavam tremeu. Enquanto lia essas palavras, ainda naquele prostíbulo, o Espírito Santo chamou minha atenção para a parte em que as correntes foram soltas e as portas se abriram durante o terremoto. A oração e adoração de Paulo e Silas não libertou apenas os dois, mas todos os que estavam ao redor deles. O terremoto veio para livrar todas as pessoas. Então, ouvi o Espírito Santo dizer: "A adoração e oração de vocês têm poder para mudar essa atmosfera. Se vocês não se calarem, mas continuarem a orar e adorar, se contarem sobre Jesus, Eu garanto que tenho poder para mudar este bairro e a história dessas pessoas".

A Igreja precisa clamar por uma ousadia santa vinda de Deus, porque é a coragem que nos fará deixar de ter apenas uma aparência de avivamento, para, de fato, entregar aquilo que temos como resposta para a sociedade.

O sábio disse no livro de Provérbios: "Como nuvens e ventos que não trazem chuva, assim é o homem que se gaba de dádivas que não fez" (Provérbios 25.14). Logo, uma igreja que tem apenas "aparência" de avivamento é como uma nuvem sem chuva. Ela parece estar carregada de água, e o derramamento, ao que tudo indica, poderia acontecer a qualquer momento, mas nunca ocorre. Não podemos ter cara de avivamento, cheiro de avivamento, frases sobre avivamento, e não ter a mínima ideia do que significa vivê-lo na prática. Precisamos, efetivamente, entregar aquilo que o mundo espera que entreguemos.

Uma das histórias bíblicas que ilustram essa realidade de forma positiva está em 2 Reis 6. Nesse trecho, Israel vivia em uma época de muitas dificuldades. Eles estavam sitiados pela Síria, o que provocou uma grande fome pouco tempo depois do cerco. A fome era tão devastadora, que cabeças de jumento eram comercializadas como mantimento, por oitenta peças de prata, e canecas de esterco de pombo por cinco peças de prata. O caos era tamanho, que o povo valorizava o lixo e se alimentava dele — o que não é muito diferente do acontece em nossos dias, se formos reparar. Em tempos de escuridão, há grande fome espiritual, e as pessoas consomem todo tipo de lixo, porque não se dão conta do banquete que o Senhor preparou para elas, conforme descrito no livro do Apocalipse: "Então, me falou o anjo: Escreve: Bem-aventurados aqueles que são chamados à ceia das bodas do Cordeiro. E acrescentou: São estas as verdadeiras palavras de Deus" (Apocalipse 19.9).

Todavia, apesar do caos instalado, Eliseu lança uma profecia de que em apenas um dia a economia do país seria transformada (cf. 2 Reis 7.1). E é nesse ponto da história que quatro leprosos entram em cena. A Bíblia nos conta a respeito desses quatro homens que salvaram a nação de Israel inteira com sua atitude de amor e ousadia. Na época, os leprosos ficavam junto às portas da cidade, já que eram banidos da comunidade, a fim de não contaminar outras pessoas. Certamente, o fato de estarem excluídos lhes causava um grande sentimento de rejeição. Em determinado momento, porém, ao se depararem com o sítio e com a fome, eles se viram divididos: morreriam às portas de sua cidade ou invadiriam o território do inimigo para tentar conseguir algum alimento, ainda que corressem risco de morrer? Optaram pela segunda alternativa. No entanto, não contavam com o fato de que Deus lutaria em favor deles, expulsando completamente o povo inimigo de seu acampamento, por meio de um grande som de exército que parecia se aproximar e que, por certo, dizimaria a todos. As Escrituras mencionam que, além de comer e beber à vontade, os quatro leprosos tomaram prata, ouro e roupas e os esconderam (cf. 2 Reis 7.3-8).

Embora a primeira atitude deles tenha sido comer e esconder os bens preciosos, perceberam que não poderiam ficar calados enquanto o restante do povo morria de fome. Em outras palavras, aqueles quatro homens não ficaram satisfeitos em manter só para si a comida e as riquezas que encontraram: "Então, disseram uns para os outros: Não fazemos bem; este dia é dia de boas-novas, e nós nos calamos; se esperarmos até à luz da manhã, seremos tidos por culpados; agora, pois, vamos e o anunciemos à casa do rei" (2 Reis 7.9). Após transmitirem as notícias na cidade, o rei de Israel enviou alguns homens de sua confiança para checar a veracidade da história dos leprosos, já que ela parecia boa demais para ser verdade. Quando retornaram, os mensageiros relataram tudo ao rei, que liberou o povo para invadir e saquear o acampamento inimigo. Naquele mesmo dia, a farinha e a cevada foram vendidas pelo valor que Eliseu havia profetizado anteriormente (cf. 2 Reis 7.10-16). Que bênção! Era o fim das refeições à base de esterco de pombo e cabeças de jumento. A farinha voltou a ser comercializada e o pão — que também é a representação da presença e da Palavra de Deus — tornou-se acessível novamente.

É evidente que havia muito peso e valor na profecia de Eliseu, mas o ato de coragem e amor daqueles leprosos não pode ser diminuído. O fato de eles arriscarem a vida ao caminhar até o acampamento inimigo abriu espaço para o sobrenatural do Senhor. Ousadia é um poderoso catalisador de milagres. Todas as vezes em que você estiver se sentindo tímido para compartilhar o Evangelho ou orar por algum enfermo, lembre-se de que o Inimigo estará apavorado. Ele sabe que, no instante em que você sair de sua zona de conforto, Deus irá em sua retaguarda, da mesma maneira que enviou o som de um poderoso exército, a fim de expulsar os inimigos enquanto os leprosos caminhavam (2 Reis 7.6).

Nós somos os leprosos de hoje. Todos estávamos afastados da graça de Deus, mas, no momento em que encontramos comida, não somente matamos a nossa fome, como tivemos o privilégio de contar a outros famintos onde existe pão. Isso é o que chamamos de evangelismo. Já ouvi diversas pessoas comentando que não sabem como compartilhar o Evangelho. Mas não há segredo, apenas fale a respeito do que Jesus fez em sua vida. Conte o seu testemunho; diga onde você encontrou alimento.

Aliás, a Bíblia registra a história de um cego de nascença que descreve o cerne dessa verdade tão simples e profunda:

> Ao passar, Jesus viu um cego de nascença. Seus discípulos lhe perguntaram: "Mestre, quem pecou: este homem ou seus pais, para que ele nascesse cego?". Disse Jesus: "Nem ele nem seus pais pecaram, mas isto aconteceu para que a obra de Deus se manifestasse na vida dele" [...] Então lhe disse: "Vá lavar-se no tanque de Siloé" (que significa Enviado). O homem foi, lavou-se e voltou vendo. Seus vizinhos e os que anteriormente o tinham visto mendigando perguntaram: "Não é este o mesmo homem que costumava ficar sentado, mendigando?". Alguns afirmavam que era ele. Outros diziam: "Não, apenas se parece com ele". Mas ele próprio insistia: "Sou eu mesmo" [...] Então os fariseus também lhe perguntaram como ele recebera a visão. O homem respondeu: "Ele colocou uma mistura de terra e saliva em meus olhos, eu me lavei e agora vejo" [...] Pela segunda vez, chamaram o homem que fora cego e lhe disseram: "Para a glória de Deus, diga a verdade. Sabemos que esse homem é pecador". Ele respondeu: "Não

sei se ele é pecador ou não. Uma coisa sei: eu era cego e agora vejo!". (João 9.1-25 – NVI)

Contra fatos não há argumentos. Os religiosos poderiam não concordar com a teologia ou com os métodos empregados por Jesus, porém não tinham como negar que Ele havia curado um cego de nascença. Todos fomos e continuamos sendo transformados por Cristo. Caso contrário, não faria o menor sentido abandonar nossa antiga vida para seguir um Homem por quem apenas nutrimos admiração. Ninguém entrega a própria vida à morte por alguém que somente acha bacana ou digno de respeito; pelo menos não eu. Agora, quando o Mestre nos encontrou, não tivemos dúvidas de que Ele era realmente quem dizia ser. A graça de Deus e o sacrifício de Jesus são escandalosos e, por esse motivo, é impossível continuarmos sendo as mesmas pessoas depois de termos tido contato com ambos. Cristo nos transforma constantemente. E é por essa razão que há poder em compartilhar nosso testemunho, porque, uma vez que andamos com Ele, sempre temos coisas novas para contar.

Provérbios 25.25 revela: "Como água fria para o sedento, tais são as boas-novas vindas de um país remoto". Nós carregamos a boa notícia, mas a opção de compartilhá-la é nossa. Sempre será um ato de risco e fé, já que, para isso, precisaremos sair da nossa zona de conforto. Por outro lado, é bem verdade também que, a partir do momento em que recebemos o Espírito da Verdade, não conseguimos nos manter calados, exatamente como aconteceu com os discípulos em Atos 4.31: "Tendo eles orado, tremeu o lugar onde estavam reunidos; todos ficaram cheios do Espírito Santo e, com intrepidez, anunciavam a palavra de Deus".

No instante em que os discípulos foram cheios do Espírito, a pregação deles se confirmou por intermédio de sinais e maravilhas, uma vez que o Evangelho não é apenas constituído de palavras, mas de poder (cf. 1 Coríntios 2.4-5). Essa é uma característica do avivamento: quando pregamos com ousadia e coragem, Deus Se manifesta com o sobrenatural. Ele não precisa de nós, mas escolhe trabalhar em parceria conosco. Se fizermos a nossa parte, nutrindo um relacionamento com Ele e compartilhando corajosamente a Sua Palavra, Ele Se revelará poderosamente. O mundo não precisa de mais teologia, mas de um encontro real com a presença de Jesus. Não que a teologia não seja importante, é evidente que necessitamos de profundidade no conhecimento bíblico, mas também precisamos que o Evangelho seja manifestado com poder. As pessoas podem resistir aos nossos conhecimentos, mas não podem se posicionar contra resultados (cf. 1 Tessalonicenses 1.5).

Jesus não apenas pregou ou ensinou, mas também Se moveu com poder na prática. Em Romanos 15, Paulo conectou a teoria com a ação. Ele comunicava por intermédio de palavras, mas havia movimento:

> Tenho, pois, motivo de gloriar-me em Cristo Jesus nas coisas concernentes a Deus. Porque não ousarei discorrer sobre coisa alguma, senão sobre aquelas que Cristo fez por meu intermédio, para conduzir os gentios à obediência, por palavra e por obras, por força de sinais e prodígios, pelo poder do Espírito Santo; de maneira que, desde Jerusalém e circunvizinhanças até ao Ilírico, tenho divulgado o evangelho de Cristo. (Romanos 15.17-19)

Os gentios foram levados a crer em Jesus por intermédio de sinais e maravilhas, pelo poder do Espírito Santo. Enquanto estivermos aqui, como embaixadores do Reino (cf. 2 Coríntios 5.20), o mundo colocará nossos discursos à prova, mas não poderá contrariar a movimentação do Espírito. Quando decidimos não nos calar e anunciar Cristo com ousadia, Deus nos encontra com prodígios e Boas Novas para saciar as pessoas.

Senhor, levante uma geração apaixonada por Cristo, a fim de compartilhar o Evangelho por todos os lugares. Assim como ocorreu em outros avivamentos, queremos ver milhões de almas vindo para o Seu Reino. Pai, desejamos fazer parte dessa grande colheita. Use-nos para que pessoas e mais pessoas sejam encontradas pelo Senhor por nosso intermédio. Espírito Santo, encha-nos de compaixão pelos perdidos, a ponto de não conseguirmos mais viver sem compartilhar com eles o Seu amor e as Suas Boas Novas. Ensine-nos a amar o próximo da mesma maneira que Jesus amou. Queremos ser Seus pés e Suas mãos aqui na Terra.

Amado Senhor, que uma ousadia sobrenatural caia sobre nós. Que o Espírito Santo nos use para realizar curas, sinais e maravilhas; que os enfermos sejam curados e os cativos libertos.

Declaro que, em todos os lugares por onde formos, veremos a manifestação do Reino de Deus com muito amor, poder e glória. Em nome de Jesus, amém!

PARTE III
DISCIPULANDO AS NAÇÕES

CAPÍTULO 10
FAZEI DISCÍPULOS DE TODAS AS NAÇÕES

Uma fé pequena leva as almas até o céu, uma fé grande leva o céu até as almas.

C. H. Spurgeon

Apesar do impacto espiritual que se inicia com o despertar da Igreja e passa para uma grande colheita de almas, é imprescindível entender que isso não pode terminar por aí. O Evangelho é poderoso não só para salvar pessoas, mas também para impactar cidades e nações; e a busca pela transformação da sociedade em que estamos inseridos é um dos traços que revelam a saúde e legitimidade de um avivamento.

Observando os avivamentos históricos, é possível perceber um padrão: todos culminaram em um enorme impacto social. Ou seja, quando havia um grande despertar dos santos, as Boas Novas eram pregadas, e o mover sempre desembocava em uma nação sendo discipulada e, consequentemente, transformada.

Quando falo a respeito de mudanças na sociedade, não afirmo que veremos a plenitude dos Céus na Terra durante algum avivamento. Afinal, isso só acontecerá na volta de Cristo. No entanto, a segunda vinda de Jesus não deve nos isentar da responsabilidade de ser luz do mundo e sal da Terra no tempo presente (cf. Mateus 5.13-14). Enquanto enviamos missionários para as nações e clamamos *maranata*[1], precisamos influenciar a sociedade como os grandes reformadores fizeram ao longo da História. William Wilberforce, por exemplo, não apenas orou contra a escravidão, mas se posicionou de forma prática para enfrentá-la.

É doloroso constatar que, em algumas nações onde nós, cristãos, somos maioria, é como se não existíssemos, por causa da péssima situação em que o país se encontra em determinados aspectos. Considero-me um cristão otimista. Realmente gosto de celebrar todas as coisas boas que o Senhor está fazendo em nossa nação. É inegável que estamos vivendo um momento de poderoso despertar espiritual em tantos locais ao redor do globo. Contudo, quando olhamos para os índices de violência, corrupção, aborto, divórcios e imoralidade, percebemos que ainda temos muito trabalho pela frente.

Em 2 Crônicas 7.14 lemos: "se o meu povo, que se chama pelo meu nome, se humilhar, e orar, e me buscar, e se converter dos seus maus caminhos, então, eu ouvirei dos céus, perdoarei os seus pecados e sararei a sua terra". Deus não quer apenas perdoar pecados, mas restaurar a Terra. E isso é

---

[1] Define-se como "vir"; "chegar". Usado no Novo Testamento como "Vem, Senhor". *MARANATA* [0858]. *In*: DICIONÁRIO bíblico Strong. Barueri: Sociedade Bíblica do Brasil, 2002.

nossa incumbência. Não é suficiente receber o Espírito Santo e pregar a respeito de Jesus; temos de nos preocupar com a restauração global.

A salvação da alma humana é extremamente importante, mas não é o fim do Evangelho. Por isso, o que realmente precisamos é de um crescimento não apenas quantitativo, mas qualitativo. Necessitamos de verdadeiros discípulos de Cristo espalhados na sociedade. Por intermédio de Sua morte e ressurreição, foi confiada a nós a autoridade para sarar este mundo. Deus transformará escolas, famílias, hospitais, universidades, e nós temos a oportunidade de fazer parte disso com Ele. Não somos espectadores. Devemos abandonar, de uma vez por todas, a postura de apenas criticar o que nos cerca. Ao enxergar algo que necessita de mudança, temos de fazer alguma coisa. Muitas vezes, aquilo que mais nos incomoda pode ser a causa para a qual Jesus nos convoca a lutar. Não despreze seus sentimentos, porque Deus pode falar por meio deles também. Isaías nos revela que:

> O Espírito do Senhor Deus está sobre mim, porque o Senhor **me ungiu para** pregar boas-novas aos quebrantados, enviou-me a curar os quebrantados de coração, a proclamar libertação aos cativos e a pôr em liberdade os algemados; a apregoar o ano aceitável do Senhor e o dia da vingança do nosso Deus; a consolar todos os que choram e a pôr sobre os que em Sião estão de luto uma coroa em vez de cinzas, óleo de alegria, em vez de pranto, veste de louvor, em vez de espírito angustiado; a fim de que se chamem carvalhos de justiça, plantados pelo Senhor para a sua glória. Edificarão os lugares antigamente assolados, restaurarão os de antes destruídos e renovarão as cidades arruinadas, destruídas de geração em geração. (Isaías 61.1-4 – grifo do autor)

O Espírito Santo está sobre nós, não apenas para nos capacitar a pregar, mas também para nos encher de autoridade, a fim de restaurar cidades assoladas e destruídas. Deus deseja buscar os perdidos, renovar o primeiro amor de Sua noiva, mas não com o intuito de que nossa comunhão se torne um clube social, e sim para que sejamos forjados e equipados para restaurar os locais onde estamos inseridos. Em outras palavras, o que as Escrituras dizem é que há uma unção sobre nós, cristãos, para estabelecer restauração em nossa cidade.

O Senhor nos faz essa promessa, mas somos nós que precisamos nos levantar para mudar o país. Por meio do sangue de Jesus, fomos feitos reis e sacerdotes (cf. Apocalipse 1.5-6). O sacerdote é aquele que tem liberdade para entrar na presença de Deus; já o rei é quem tem autoridade para estabelecer governo sobre determinada região. O despertamento espiritual é consequência da revelação de que temos acesso à Sua presença como sacerdotes; contudo, para vivermos uma reforma, precisamos de uma geração que carrega a compreensão tanto da identidade de sacerdotes quanto de reis. Só assim poderemos manifestar na Terra a mesma cultura que existe no Reino dos Céus.

Foi exatamente isso que sucedeu em todos os avivamentos que temos notícia até hoje. Na época do avivamento de Gales, por exemplo, a criminalidade caiu tanto que os policiais ficaram ociosos, e muitos foram demitidos. Os tribunais ficaram vazios, os times de futebol foram dispensados e a liga interrompida diversas vezes por conta do mover do Espírito naquele período. O consumo de álcool diminuiu mais de 60% — um número tão drástico que obrigou uma porção de bares a fechar. Além disso, grande parte da população endividada quitou suas dívidas e uma onda de restauração nas famílias e casamentos invadiu aquele país. Deus quer sarar a Terra, e, para isso, precisamos ocupá-la.

A Palavra nos mostra que, apesar da liderança que o faraó exercia no Egito, José era quem tinha autoridade (cf. Gênesis 41.39-44). Da mesma forma, Daniel, que estabeleceu a justiça divina servindo a um rei gentio (cf. Daniel 2.47-48). Esses são apenas alguns exemplos bíblicos que ilustram e nos garantem o quanto a Igreja precisa estar inserida na sociedade para que haja restauração em todas as áreas.

Durante o avivamento de Almolonga, uma pequena cidade na Guatemala, o Senhor sarou a terra, literalmente. O solo começou a produzir vegetais cinco vezes maiores do que o comum. Alguns vídeos mostram cenouras que tinham o comprimento de um antebraço e batatas que tinham o tamanho de bolas de basquete. Em determinado ano, a colheita foi tão grande, que chegou a superar em dez vezes os anos anteriores — o que impactou completamente a economia daquela cidade, já que passaram a exportar alimentos para toda América Central. Antes, a média de exportação daqueles agricultores era de quatro caminhões por mês. Com a chegada do avivamento, eles passaram a exportar 40 caminhões por semana — um crescimento de mais de 1.000% na produtividade. Deus restaurou a terra e a economia daquele povo.

De forma semelhante, o grande despertar na Europa trouxe uma diminuição radical no índice de alcoolismo, aliviou a pobreza e a injustiça, causou forte impacto político e econômico, resultando na ascensão de milhares de pobres para a classe média. É atribuído ao avivamento também o impedimento de uma revolução sangrenta na Inglaterra, como houve na França. Além disso, pessoas marcadas pelo ministério de John Wesley reformaram orfanatos, hospitais e prisões. Nessa época, ocorreu ainda um dos progressos sociais mais relevantes na História: a abolição da escravatura.

Dentro disso, é importante compreender a diferença entre o Evangelho da salvação e o Evangelho do Reino. Em Marcos 16, a Grande Comissão tem como foco alcançar todas as pessoas por intermédio da mensagem da cruz e da aceitação do sacrifício de Cristo. Entretanto, esse é apenas o início da jornada. O coração de Deus pulsa pelos perdidos, mas a caminhada não se encerra na salvação. Logo após, é preciso praticar o que está escrito em Mateus 28:

> Jesus, aproximando-se, falou-lhes, dizendo: Toda a autoridade me foi dada no céu e na terra. Ide, portanto, fazei discípulos de todas as nações, batizando-os em nome do Pai, e do Filho, e do Espírito Santo; ensinando-os a guardar todas as coisas que vos tenho ordenado. E eis que estou convosco todos os dias até à consumação do século. (Mateus 28.18-20)

Ele resgatou a autoridade, entregou-a a nós e deixou a seguinte comissão: "ide e fazei discípulos de todas as nações". Começamos com a grande onda de salvação, mas devemos dar continuidade por meio do discipulado das nações, cidades e sistemas. Esse é o principal motivo pelo qual precisamos entender como as sete esferas da sociedade funcionam.

Em 2017, tive o privilégio de conhecer Loren Cunningham, talvez o maior missionário que já viveu depois de Paulo. Hoje, ele está com 85 anos e, ao longo de seu ministério, visitou e evangelizou todos os países da Terra. Em 1960, criou o movimento interdenominacional chamado Jovens com uma Missão, mais conhecido como Jocum.[2] Ele é alguém cujo coração continua queimando por Jesus, mesmo depois de todos esses anos. Nessa visita, que meu pai espiritual e eu fizemos a ele, Téo perguntou: "Como podemos discipular nações?". Loren sorriu e calmamente respondeu: "Ouça a Deus. Obedeça a Deus. Nunca desista". Que grande exemplo para a nossa geração! Mais de 60 anos após a fundação da Jocum, Loren continua ouvindo e obedecendo a Deus; continua sonhando com nações sendo discipuladas.

Em 1975, Cunningham orava pedindo ao Senhor por uma estratégia para discipular as nações. Naquele verão, ele estava de férias no Colorado, EUA, com sua família, quando o Senhor lhe falou sobre as sete esferas da sociedade, que seria uma tática de evangelismo global com foco nas sete principais áreas de maior influência em qualquer sociedade. Tática essa que ajudaria justamente no cumprimento de Mateus 28. Então, Loren pegou um papel e escreveu: 1) Família; 2) Igreja; 3) Educação e Ciência; 4) Artes e Entretenimento; 5) Mídia e Comunicação; 6) Economia; 7) Governo.

Naquele mesmo dia, na parte da tarde, ele recebeu uma ligação de Bill Bright, fundador da Cruzada Estudantil, dizendo que estava na região e queria reunir-se com ele e com sua esposa Darlene. Eles se encontraram no dia seguinte, e Bill compartilhou que o Senhor o visitara, dando algumas estratégias que poderiam mudar a nação. Enquanto contava, tirava do bolso um papel que tinha algumas coisas escritas. Ao ler, Loren constatou: era exatamente a mesma lista que havia recebido de Deus no dia anterior.

---

[2] Para mais informações, acesse *https://jocum.org.br/*.

É importante reforçar que, ao falarmos acerca das sete esferas da sociedade, estamos tratando apenas sobre um método para o cumprimento de uma missão, que continua sendo salvar pessoas e transformar cidades. Esse impacto nas esferas não ocorre através de imposição ou domínio. Precisamos de uma geração de discípulos dispostos a **servir** ao Senhor e às pessoas através de suas áreas de atuação e dons. Quando estamos inseridos na sociedade e a servimos, temos o poder de impactá-la, assim como Jesus nos explicou que o fermento, quando misturado à farinha, leveda a massa por completo (cf. Mateus 13.33).

Cada esfera de atuação abrange uma série de profissões, e é nossa responsabilidade carregar o poder e os princípios de Deus, com a finalidade de discipular os ambientes onde estamos inseridos. Todas as áreas precisam do Reino, ou melhor, da presença do Rei Jesus através de nós, cristãos. Devemos ser a luz do mundo (cf. Mateus 5.14). É assim que o Evangelho do Reino chega às pessoas. A transformação social começa a ganhar espaço a partir da nossa decisão de sermos uma extensão de Cristo em nossas áreas de atuação. Não existe consagração e santidade apenas aos domingos. Tudo o que fazemos é sagrado, pois nós somos santos.

Se Deus o levantou para ser um músico, um empresário ou um astronauta, seja apenas isso. Não tente ser quem você não é, nem foi chamado para ser. Só assim estará satisfeito. O mundo não precisa de mais pastores ou missionários, mas de pessoas que sejam fiéis às identidades que receberam do Céu. Tudo o que Ele colocou dentro de nós — nossos gostos, habilidades, talentos e jeitos — tem ligação com o que fomos chamados para ser e fazer. É tempo de romper com a dicotomia sagrado *versus* secular. Por anos e anos, temos dado tanta atenção ao ambiente religioso, que acabamos nos esquecendo e, até mesmo, protegendo-nos da responsabilidade de discipular outras esferas da sociedade. É hora de ocupar nosso lugar e lutar com ousadia a batalha que nos foi proposta. Precisamos celebrar arquitetos, políticos e professores com a mesma intensidade com a qual enaltecemos pastores e líderes de adoração.

Tempos atrás, estava na África do Sul com uma equipe, e fomos convidados para falar de Jesus a alguns professores nas dependências de uma escola. De repente, o Senhor começou a nos trazer palavras proféticas e de conhecimento; pessoas foram curadas e, instantes depois, uma professora andou em minha direção perguntando: "Como conhecem a minha história?". Então, respondi: "Não conhecemos, senhora!". Aquela mulher começou a chorar e continuou: "Fui diagnosticada com câncer na semana passada e vocês falaram tudo o que estou vivendo!". Logo em seguida, iniciamos uma oração por ela e permanecemos ali até o momento em que o diretor da escola apareceu e pediu que eu e um amigo o seguíssemos.

Algumas outras pessoas continuaram a ministrar àquela professora, enquanto ele nos levava a um campo aberto nos arredores. "Dudu", ele começou, "quero conversar com vocês!". "Claro, senhor!", respondi. Aquele homem olhou para mim, com lágrimas nos olhos, e disse: "Preciso que orem por mim e me aconselhem a respeito de como devo liderar esta escola e como restaurar a minha família". Ele não havia ido a nenhuma igreja para ter um encontro com Deus; a Igreja tinha ido até ele.

O Reino do Senhor sempre está em movimento. Por esse motivo, quando você vai para a faculdade, o Reino vai também; quando vai à padaria, o Reino o acompanha; nas confraternizações, ao final do ano, o Reino está presente, pois ele está dentro de você. Então, movimente-se.

CAPÍTULO 11
E VIU DEUS QUE ISSO ERA BOM

Se um homem é chamado a ser um varredor de rua, ele deve varrer as ruas como Michelangelo pintava, como Beethoven compunha músicas ou como Shakespeare escrevia poesia. Ele deve varrer as ruas tão bem de modo que todos os exércitos do céu e da terra farão uma pausa para dizer, "aqui viveu um grande varredor de ruas que fez bem o seu trabalho".

Martin Luther King

Para que o Reino seja estabelecido e as nações reformadas, um dos primeiros aspectos que precisamos buscar é a excelência.

Excelência não tem a ver simplesmente com a produção de coisas bonitas ou perfeitas; na verdade, ela não se parece em nada com a perfeição. Também não está ligada a estruturas caras ou sofisticadas — inclusive, já visitei igrejas africanas extremamente simples que exalavam excelência. Ser excelente diz respeito à intenção de fazer o melhor em todas as coisas, a fim de glorificar a Deus. É quando colocamos tudo o que temos — habilidades, recursos, esforços e coração — em todos os detalhes do que fazemos. Em outras palavras, é dedicar cada parte de nossas vidas a Deus, sabendo que Ele é adorado por intermédio daquilo que somos e exercemos. Quando limpamos a casa, criamos uma planilha no trabalho ou servimos em nossa igreja local, precisamos fazer para o Senhor.

Enquanto eu era solteiro e ainda estava na faculdade, lembro-me do dia em que, ao acordar, peguei minha Bíblia para fazer meu devocional e, de repente, ouvi claramente o Espírito Santo me dizendo: "Antes de começar a Me buscar, gostaria que você lavasse a louça e arrumasse a casa". Levei um susto, pois imaginava que o Senhor Se agradaria muito mais com a minha devoção do que com qualquer outra coisa que eu pudesse fazer. Quando comecei a organizar a casa, senti a Sua presença aumentando no ambiente, e Ele ministrou ao meu coração sobre a excelência como um padrão do Reino.

É isso que Paulo nos ensina com a carta aos Colossenses: "Tudo quanto fizerdes, fazei-o de todo o coração, como para o Senhor e não para homens, cientes de que recebereis do Senhor a recompensa da herança. A Cristo, o Senhor, é que estais servindo" (Colossenses 3.23-24).

Não há como estabelecer o Reino sem excelência. Muitas vezes, cultivamos uma mentalidade medíocre em relação ao que estamos fazendo, e, internamente, acabamos nos conformando a não enxergar problema em realizar tarefas de qualquer jeito. Mas o nosso Deus não é assim; Ele é excelente, e isso, por si só, deveria ser um impulso para desejarmos viver esse princípio também.

Quando o Senhor estabeleceu coordenadas e instruções para a construção do tabernáculo, por exemplo, escolheu determinar até mesmo os centímetros e os tipos de tecido que deveriam ser usados; pois, além de detalhista, Ele é excelente. Nenhuma forma de desleixo foi permitida (cf. Êxodo 25-27). Isso significa que não podemos discutir a respeito de avivamento e discipulado de uma nação sem antes começarmos pelo básico, que é a busca pela excelência. Se sou um pregador, não posso, de maneira leviana, simplesmente, depender da presença do Espírito Santo e não fazer nada. É claro que se Ele não aparecer, nada acontece, mas o mínimo que devo fazer é me consagrar, orar e ler a Bíblia na expectativa de que Ele traga, primeiramente ao meu coração, a revelação daquela porção das Escrituras.

Não por acaso, nessa mesma passagem de Êxodo sobre a construção do tabernáculo, a Bíblia nos relata acerca da primeira ocorrência de um homem que foi cheio do Espírito Santo. Bezalel foi um artista que recebeu capacitação divina para ser excelente na execução de trabalhos em ouro, prata e bronze (cf. Êxodo 35.30-32). Da mesma maneira, somos cheios do Espírito Santo não apenas para que desempenhemos certas tarefas, mas para que as façamos bem, porque isso honra e glorifica o Senhor.

O mundo não nos dará um desconto porque somos cristãos. As pessoas não desejarão saber a respeito do nosso Deus se formos displicentes, mas o cenário muda se realmente formos os melhores em nossas áreas de atuação. Isso, sim, atrairá, e refletirá a natureza do nosso Criador.

Quando Ele formou o mundo, ao término de cada dia, concluiu que aquilo que havia criado era bom (cf. Gênesis 1.10-31). Deus não fez nada medíocre; sempre investiu e deu o Seu melhor. Até mesmo em nosso resgate, entregou o que tinha de mais precioso (cf. João 3.16). Por isso, para redimir uma geração, precisamos fazer como Ele. Não é a respeito de perfeição, mas sobre realizar o máximo com aquilo que temos em mãos no momento. Devemos ser os melhores alunos, os funcionários mais pontuais, os artistas mais criativos, e assim por diante.

Um dos maiores exemplos do poder da excelência é João Calvino. Sua influência em Genebra não foi apenas religiosa. A partir das práticas do Evangelho, a cidade foi transformada em uma referência para a Europa, uma verdadeira cidade de Deus, como ficou conhecida.

Historiadores dizem que, antes de Calvino, Genebra era conhecida como a cidade mais malcheirosa da Europa. O cheiro de vômito, esgoto, urina e fezes chegava às narinas das pessoas antes mesmo que elas tivessem efetivamente comparecido ao lugar. Imoralidade e prostituição também tinham espaço, acompanhadas do alto índice de alcoolismo e da destruição das famílias, já que os homens eram irresponsáveis, péssimos pais e, na maior parte do tempo, estavam bêbados.

Por intermédio do zelo de João Calvino e da aplicação prática do Evangelho, Genebra foi completamente transformada. Ele acreditava que a Igreja tinha o poder de dar um banho espiritual no mundo, então discipulou a cidade a partir do púlpito. Desde Calvino, as discussões acerca do sagrado e do secular se acirraram. Ele foi o primeiro cristão a defender a importância da ética no trabalho, ensinando que tudo pertencia a Deus, e que ser negligente no emprego era um desrespeito ao Criador. Com essa nova percepção, os cidadãos de Genebra assinaram um pacto comprometendo-se a enviar seus filhos às recém-formadas escolas públicas. Calvino incentivou, também, a assistência social e o amparo aos pobres, idosos e desamparados, sem discriminação de nacionalidade; fomentou o cuidado com a saúde popular por meio de um programa de visita médica domiciliar e aos hospitais; combateu a bebedice e a proliferação das tavernas, atacando, ainda, de maneira veemente, a escravidão. Isso, sem mencionar seus esforços no sentido de criar uma parceria com o governo para a capacitação profissional e o combate ao desemprego com ofertas de trabalho.

Calvino não era apenas um influenciador religioso; era excelente e zeloso, e isso transformou completamente o curso de Genebra. Imagine como seria a nossa nação se tivéssemos mais profissionais com a mentalidade de João Calvino na política, nas escolas, nos hospitais e nas demais esferas da sociedade. A colocação, aqui, não é a respeito do aumento no número de evangélicos, mas sobre o crescimento qualitativo e quantitativo de discípulos de Jesus, que O adoram enquanto exercem suas funções, como professores, médicos, empresários, secretários, assistentes, executivos, etc.

As Escrituras afirmam que Davi dedilhava bem a sua harpa. Ele não era apenas ungido, mas era excelente com as ferramentas que tinha em mãos e, por esse motivo, foi convidado a entrar no palácio de Saul e ministrar a ele: "[...] Conheço um filho de Jessé, o belemita, que sabe tocar e é forte e valente, homem de guerra, sisudo em palavras e de boa aparência; e o Senhor é com ele" (1 Samuel 16.18).

Quando Davi tocava, o espírito maligno se retirava de Saul (cf. 1 Samuel 16.23). Isso quer dizer que o Reino de Deus se manifesta em diferentes esferas quando há homens e mulheres ungidos e excelentes. Por essa razão, creio que pessoas serão libertas assistindo a filmes, admirando quadros, ouvindo músicas e até lendo relatórios, pelo simples fato de existirem trabalhadores cheios do Espírito Santo entregando o seu melhor.

O Senhor colocou uma harpa em suas mãos. Toque-a. E toque-a bem. Ela pode ser um giz de lousa, uma calculadora ou um bisturi. Seja no que for, dê o seu melhor. Faça como se fizesse para Deus, e isso mudará o ambiente em que você está inserido e as pessoas que o cercam. Davi não precisou pregar para Saul, ele simplesmente tocou: "E sucedia que, quando o espírito maligno [...] vinha sobre Saul, Davi tomava a harpa e a dedilhava; então, Saul sentia alívio e se achava melhor, e o espírito maligno se retirava dele" (1 Samuel 16.23).

A excelência abre portas para lugares de influência (cf. Provérbios 22.29). Ou seja, se queremos ter autoridade em nossas áreas de atuação, já sabemos por onde devemos começar. A história da rainha de Sabá fala exatamente sobre isso:

> Vendo toda a sabedoria de Salomão, bem como o palácio que ele havia construído, o que era servido em sua mesa, o lugar de seus oficiais, os criados e copeiros, todos uniformizados, e os holocaustos que ele fazia no templo do Senhor, ficou impressionada. Disse ela então ao rei: "Tudo o que ouvi em meu país acerca de tuas realizações e de tua sabedoria é verdade. Mas eu não acreditava no que diziam, até ver com os meus próprios olhos. Na realidade, não me contaram nem a metade; tu ultrapassas em muito o que ouvi, tanto em sabedoria como em riqueza. Como devem ser felizes os homens da tua corte, que continuamente estão diante de ti e ouvem a tua sabedoria! **Bendito seja o Senhor, o teu Deus, que se agradou de ti e te colocou no trono de Israel. Por causa do amor eterno do Senhor para com Israel, ele te fez rei,**

para manter a justiça e a retidão". E ela deu ao rei quatro mil e duzentos quilos de ouro e grande quantidade de especiarias e pedras preciosas. Nunca mais foram trazidas tantas especiarias quanto as que a rainha de Sabá deu ao rei Salomão. (1 Reis 10.4-10 – NVI – grifo do autor)

A rainha de Sabá teve um encontro com o Senhor por causa da excelência na arquitetura e no modelo de governo de Salomão. Coisas belas honram o nosso Pai. As pessoas precisam vir de longe para verificar e atestar o modo distinto com o qual fazemos as coisas. Elas precisam, assim como a rainha de Sabá, ter encontros com o nosso Deus, impulsionadas pelo nosso primor. Nossa família deve ser tão excelente, a ponto de os de fora desejarem saber como isso é possível e se inspirarem em nós quanto à educação de filhos, ao desenvolvimento de relacionamentos e ao sucesso de nosso casamento. É hora de perguntar a nós mesmos: em que áreas da vida estamos expressando a beleza e a excelência do Criador?

Infelizmente, muitas vezes, não vivemos esse princípio, pois pensamos que fluir em nossos dons é suficiente. Contudo, em 1 Pedro, lemos: "Cada um exerça o dom que recebeu para servir aos outros, **administrando fielmente** a graça de Deus em suas múltiplas formas" (1 Pedro 4.10 – NVI – grifo do autor).

A expressão "administrando fielmente", no original, é *oikonomos*, equivalente a "administrador do lar", ou, como costumo dizer, "bom mordomo".[1] O mordomo não é dono de nada; ele apenas gerencia o que lhe foi confiado. Assim somos nós. Deus nos entregou dons e talentos preciosos e temos duas

---

[1] *OIKONOMOS* [3623]. *In*: DICIONÁRIO bíblico Strong. Barueri: Sociedade Bíblica do Brasil, 2002.

possibilidades: administrar fielmente o que Ele depositou em nós ou usarmos nossas habilidades como desculpa para realizar as coisas de qualquer jeito. Precisamos escolher ser os melhores na realização do que fomos incumbidos de fazer, quer sejamos pregadores, professores, pais, mães, secretários, empresários, estagiários, etc. Não estamos competindo com ninguém além de nós mesmos. Sejamos excelentes.

CAPÍTULO 12
A VERDADE VOS LIBERTARÁ

Para conhecer a vontade de Deus, necessitamos de uma Bíblia aberta.

William Carey

Todo país tem sua própria constituição, que nada mais é do que um conjunto de regras que orientam um Estado. A partir dela, estabelecemos a organização, os limites e a garantia de direitos e deveres dos cidadãos, para que a sociedade caminhe sempre de maneira ordeira. Do mesmo modo acontece no Reino de Deus. A Bíblia é a Constituição que o rege. Não há a menor possibilidade de estabelecermos o Reino sem observar e seguir a Palavra. Aqui, a minha opinião e a sua não são relevantes. A única verdade que importa é a que vem das Escrituras Sagradas.

Não existe um reino ou país sem constituição, assim também é no Reino de Deus. Se queremos estabelecê-lo e transformar nossa nação, precisamos da Constituição divina que nos foi expressa e endereçada, pois é por meio dela que conhecemos a opinião e o coração do Senhor, além de entendermos como Ele Se move. Por esse motivo, nossos pontos de vista são desimportantes. O que realmente deve nos interessar é o que Deus diz e pensa.

Muitos perguntam qual a minha posição sobre o aborto, mas a verdade é que não tenho opinião acerca de nada. Quem tem opinião é o Senhor, e eu apenas manifesto aquilo que Ele já determinou. Então, quando o assunto é aborto, por exemplo, a Bíblia é clara em nos dizer que João Batista foi cheio do Espírito Santo desde o ventre de sua mãe (cf. Lucas 1.15). Se eu sei que Ele não enche coisas, mas pessoas, isso me faz chegar à conclusão de que, desde o ventre, João Batista já era um indivíduo, segundo os parâmetros divinos.

Em Salmos 139, lemos:

> Pois tu formaste o meu interior, tu me teceste no seio de minha mãe. Graças te dou, visto que por modo assombrosamente maravilhoso me formaste; as tuas obras são admiráveis, e a minha alma o sabe muito bem; os meus ossos não te foram encobertos, quando no oculto fui formado e entretecido como nas profundezas da terra. Os teus olhos me viram a substância ainda informe, e no teu livro foram escritos todos os meus dias, cada um deles escrito e determinado, quando nem um deles havia ainda. Que preciosos para mim, ó Deus, são os teus pensamentos! E como é grande a soma deles! (Salmos 139.13-17)

O coração de Deus é acometido de dor quando crianças são mortas no ventre. Portanto, no momento em que o aborto é praticado ou legalizado em um país, há legalidade espiritual para que as trevas se manifestem naquela região, uma vez que a Sagrada Constituição [a Bíblia] foi desrespeitada. Da mesma maneira como o Senhor Se pronuncia a respeito do aborto, a Palavra nos revela o que Ele pensa sobre governo, família e até mesmo acerca da vida de cada pessoa. São as Escrituras que nos dizem o que fazer e o que não fazer. São elas que afirmam quem somos. O motivo pelo qual nações fracassam é porque lhes falta conhecimento da mente e do coração de Deus. Oseias 4.6 afirma:

> O meu povo está sendo destruído, porque lhe falta o conhecimento. Porque tu, sacerdote, rejeitaste o conhecimento, também eu te rejeitarei, para que não sejas sacerdote diante de mim; visto que te esqueceste da lei do teu Deus, também eu me esquecerei de teus filhos.

Quando optamos por ignorar a Lei do Senhor, andamos em trevas. Logo, precisamos da Palavra, que tem o poder de iluminar nossos passos (cf. Salmos 119.105). Deus deixou bem claro para Josué, sucessor de Moisés e incumbido de guiar aproximadamente 2,5 milhões de pessoas até a Terra Prometida, que o apreço por Sua Lei garantiria o sucesso da empreitada. Se ele não se desviasse da Palavra e meditasse nela dia e noite, seria bem-sucedido e prosperaria em todos os seus caminhos. Independentemente do nosso chamado e do tamanho do desafio que temos pela frente, o zelo pelas Escrituras será uma das garantias do nosso êxito, assim como aconteceu na vida de Josué:

> Tão somente sê forte e mui corajoso para teres o cuidado de fazer segundo toda a lei que meu servo Moisés te ordenou; dela não te desvies, nem para a direita nem para a esquerda, para que sejas bem-sucedido por onde quer que andares. Não cesses de falar deste Livro da Lei; antes, medita

nele dia e noite, para que tenhas cuidado de fazer segundo tudo quanto nele está escrito; então, farás prosperar o teu caminho e serás bem-sucedido. (Josué 1.7-8)

É interessante observar o modo como o zelo pela Palavra e pela sã doutrina foi um fator decisivo e crucial em todos os avivamentos que já aconteceram. Precisamos nos voltar para aquilo que Deus pensa; isso é o que importa, porque é a Verdade.

William Carey, mais conhecido como o pai das missões modernas, foi um sapateiro inglês enviado ilegalmente como missionário para Índia em 1793. Na verdade, ele mesmo se enviou, já que a Inglaterra, colonizadora da Índia, acreditava que o país estaria mais vulnerável ao controle sem o Evangelho. Ele nunca mais voltou para sua terra natal. Morreu na Índia após 41 anos de muito amor e trabalho por aquela nação.

Na época, a colônia inglesa enfrentava duras e assustadoras realidades, como a legalização do casamento infantil, infanticídio, poligamia e homicídio de viúvas, já que defendiam que estas deveriam ir para o túmulo ficar ao lado de seus maridos. Os leprosos eram enterrados vivos na esperança de nascerem em outras condições, em uma suposta reencarnação, e bebês doentes eram deixados em cestas nas ruas por até três dias para superarem o "espírito maligno". Além disso, somente as castas mais altas da sociedade podiam receber educação, o que anulava qualquer possibilidade de ascensão das classes mais baixas.

Enquanto se dava conta daquela realidade, William Carey chegou à conclusão de que não conseguiria evangelizar o povo se não proporcionasse uma plataforma para que a nação fosse discipulada. Ele sabia que as transformações jamais aconteceriam, a menos que as verdades bíblicas entrassem em cena. Desse modo, aprendeu muitos idiomas e deu início à tradução das Escrituras para 44 línguas locais. Também fundou 126 escolas para crianças e mulheres da casta inferior (chamada *Dalit*)[1], deu início a jornais regionais e fundou a primeira imprensa e fábrica de papel da Índia, disseminando a cultura pelo país. Iniciou, também, o primeiro seminário cristão na nação, para treinar, discipular e enviar pastores por todo o território. Além do mais, Carey teve um papel fundamental na economia, ao ensinar a arte da agricultura para os nativos. Quando chegou àquele país, William se deparou com uma verdade bíblica: todos os homens foram feitos à imagem e semelhança de Deus (cf. Gênesis 1.27), e merecem os mesmos direitos. Ninguém deveria viver em castas, e foi nisso que ele se agarrou. O resto da história, nós já sabemos.

São homens como ele que me fazem repensar acerca do que tenho vivido. William Carey não se contentou apenas em evangelizar a população e cumprir Marcos 16. Ele sonhava em discipular a nação, e foi por isso que decidiu doar a sua vida para que aquelas pessoas experimentassem o Reino de Deus na Terra. Além de todos os seus feitos heroicos, em 1804, ele influenciou a promulgação da lei que proibia o infanticídio. O homicídio de viúvas, costume hindu chamado *suttee*[2], também foi extinto por lei em 1829, graças aos seus esforços.

Algo marcante e inegável na trajetória de Carey foi seu batismo de amor pelas Escrituras. Acredito que, assim como o

---

[1] Para saber mais, leia: **Untouchable**. Publicado por *Britannica*. Disponível em *https://www.britannica.com/topic/untouchable*. Acesso em março de 2022.
[2] Para saber mais, leia: DONIGER, Wendy. **Suttee**. Publicado por *Britannica*. Disponível em *https://www.britannica.com/topic/suttee*. Acesso em março de 2022.

salmista, rios de lágrimas escorriam de seus olhos quando a Lei do Senhor não era obedecida (cf. Salmos 119.136). Nos dias atuais, necessitamos de reformadores com a mesma paixão santa pela Palavra de Deus, que não descansarão até que Seus decretos sejam observados. Precisamos da Bíblia. O Brasil precisa da Bíblia. Quanto mais deixarmos que as verdades da Lei tomem forma em nós, mais nos tornaremos cartas escritas por Deus, expressando aquilo que Ele pensa, o modo como fala e age (cf. 2 Coríntios 3.2-3). Nós somos a manifestação das Escrituras — ou, pelo menos, deveríamos ser.

A Bíblia nos conta um pouco sobre o rei Josias e a influência que a Palavra teve em sua vida. Ele governou Judá por 31 anos, tendo iniciado seu reinado com apenas 8 anos de idade. Quando assumiu a liderança, a nação vivia imersa em feitiçaria e idolatria, e praticava sacrifício infantil, consequências dos péssimos reinados de Manassés e Amom. Josias começou a buscar a Deus ainda jovem e, aos 26 anos, deu início a uma reforma no templo. Durante os consertos, um sacerdote chamado Hilquias encontrou o livro da Lei (cf. 2 Reis 22; 2 Crônicas 34). O livro estava perdido, e isso era apenas um reflexo do nível de afastamento de Deus em que o povo vivia. Quando a Palavra do Senhor se perde, é questão de tempo até que uma sociedade se destrua. Manassés desprezou a Bíblia, e, em poucos anos, o país caiu em ruínas (cf. 2 Crônicas 33.9-11). Alguns teólogos dizem que, durante seu reinado, era uma ofensa ter uma cópia da Lei Mosaica, o que provavelmente levou algum sacerdote fiel a escondê-la no templo, na esperança de dias melhores.

Ao perceber que os princípios de Deus haviam sido ridicularizados durante o império de seu pai e avô, Josias manifestou grande arrependimento, rasgando as suas vestes. Então, buscou conselho com uma profetisa chamada Hulda, que lhe disse que Deus havia decidido julgar o povo de Judá, contudo pouparia Josias em razão de seu amor por Ele (cf. 2 Crônicas 34.19-26). Ao saber disso, o rei não se contentou somente com sua segurança, decidindo, assim, ler o livro para todo o povo e conduzi-lo a um grande culto de arrependimento:

> Então, deu ordem o rei, e todos os anciãos de Judá e de Jerusalém se ajuntaram a ele. O rei subiu à Casa do Senhor, e com ele todos os homens de Judá, todos os moradores de Jerusalém, os sacerdotes, os profetas e todo o povo, **desde o menor até ao maior**; e leu diante deles todas as palavras do Livro da Aliança que fora encontrado na Casa do Senhor. O rei se pôs em pé junto à coluna e fez aliança ante o Senhor, para o seguirem, guardarem os seus mandamentos, os seus testemunhos e os seus estatutos, de todo o coração e de toda a alma, cumprindo as palavras desta aliança, que estavam escritas naquele livro; e todo o povo anuiu a esta aliança. (2 Reis 23.1-3 – grifo do autor)

Note que o segundo versículo diz "desde o menor até ao maior". Um avivamento não pode acontecer sem alcançar e transformar todas as camadas da sociedade. Por isso, como consequência da aliança com a Palavra, um verdadeiro avivamento foi liberado sobre Judá. O rei Josias destruiu os altares de Baal e as estátuas por toda nação; aniquilou as casas de prostituição e exterminou os sacerdotes pagãos, médiuns, magos e adivinhos. Ele acabou com o sacrifício de crianças a Moloque; restituiu o esquecido festival da Páscoa, que não era celebrado desde os dias de Ezequias; e devolveu novamente a arca ao seu devido local: o templo construído por Salomão.

Ao final, a Palavra afirma que, antes de Josias, não houve rei que se converteu ao Senhor como ele, e, depois de seu reinado, nunca se levantou outro igual:

> Deu ordem o rei a todo o povo, dizendo: Celebrai a Páscoa ao Senhor, vosso Deus, como está escrito neste Livro da Aliança. Porque nunca se celebrou tal Páscoa como esta desde os dias dos juízes que julgaram Israel, nem durante os dias dos reis de Israel, nem nos dias dos reis de Judá. Corria o ano décimo oitavo do rei Josias, quando esta Páscoa se celebrou ao Senhor, em Jerusalém. Aboliu também Josias os médiuns, os feiticeiros, os ídolos do lar, os ídolos e todas as abominações que se viam na terra de Judá e em Jerusalém, para cumprir as palavras da lei, que estavam escritas no livro que o sacerdote Hilquias achara na Casa do Senhor. Antes dele, não houve rei que lhe fosse semelhante, que se convertesse ao Senhor de todo o seu coração, e de toda a sua alma, e de todas as suas forças, segundo toda a Lei de Moisés; e, depois dele, nunca se levantou outro igual. (2 Reis 23.21-25)

Não podemos viver uma reforma pregando apenas a respeito daquilo a que somos contrários. O apreço pela Palavra fez com que Josias reformasse a nação inteira. Esse é o perfil dos reformadores, eles se posicionam em prol das verdades bíblicas. Precisamos nos unir por aquilo a que somos favoráveis, como Jan Huss e Martinho Lutero fizeram. Eles não eram *haters*, e sim defensores das Escrituras, mudando assim todo o curso da História que veio a seguir. Muitas pessoas se reúnem contra alguma coisa, esquecendo-se de que a unidade mais forte e verdadeira é a que vem em torno daquilo que defendemos.

Jan Huss pregava que apenas a Bíblia era a regra de fé dos cristãos e que não havia necessidade de mediadores e sacerdotes para o homem se comunicar com Deus, uma vez que Cristo é o cabeça da Igreja, e não o papa. Huss foi queimado vivo. Enquanto morria, profetizou: "Podem matar um ganso (em tcheco, *huss* significa ganso), mas, daqui a cem anos, Deus suscitará um cisne que não poderão queimar".[3] Cem anos mais tarde, Lutero começou a descobrir a doutrina da justificação pela fé. Sua vida de oração transformou não somente ele, mas tudo ao seu redor. Ele orava de duas a três horas por dia sobre as verdades bíblicas. Ao estudar o livro de Romanos, deparou-se com a seguinte verdade escrita no versículo 17 do primeiro capítulo: "visto que a justiça de Deus se revela no evangelho, de fé em fé, como está escrito: O justo viverá por fé".

Durante alguns anos, Lutero orou e refletiu a respeito desse versículo que lhe proporcionou uma grande revelação da graça de Deus. A missão dele não era destruir a Igreja Católica, mas viver as verdades divinas e ensiná-las ao povo. Alguns relatos dizem que Martinho Lutero entrou no monastério para agradar o Senhor, mas, para o horror do Diabo, teve contato com a Bíblia e sabia o latim. Foi no monastério que ele começou a questionar todos os ensinamentos que não se enquadravam nas Escrituras.

Em 31 de outubro de 1517, deu início à Reforma Protestante, pregando suas 95 teses na porta da Catedral de Wittenberg. Por meio delas, questionava a legalidade das indulgências e defendia que o papa não era o mediador entre o homem e Deus, uma vez que o sacrifício perfeito já havia sido pago na cruz. Em 1521, defendeu suas teses em Worms, sob ameaças de morte. A partir de Lutero, o Evangelho passou a ser pregado na língua do povo, e foi estimulada a escrita

---

[3] SANTOS, Vantuil G. dos. **Lutero**: época, vida, legado. Rio de Janeiro: CPAD, 2020.

de hinos bíblicos em alemão, para que todos entendessem o que estavam cantando e fossem edificados. Em 1534, traduziu a Bíblia para a língua alemã, já que as únicas cópias das Escrituras, até então, eram em latim e destinavam-se ao uso exclusivo dos sacerdotes. Isso gerou uma revolução na Igreja alemã em apenas trinta anos. Lutero teve, também, grande influência na cultura germânica, sendo talvez o mais célebre e influente dos alemães. Vale lembrar que a Bíblia traduzida por ele foi de extrema importância para moldar o idioma alemão, sendo lida até hoje.

Até os dias atuais, a Reforma Protestante é um dos maiores marcos na História. Tudo, porque alguém descobriu o poder da Palavra de Deus.

Temos autoridade para definir à luz da Bíblia o que é família, gênero, casamento, governo e arte. Toda a autoridade foi dada a nós, e temos a Constituição para operar debaixo do poder de Jesus. A reforma ainda não acabou. Precisamos de mais reformadores que moldarão a cultura da nossa nação de acordo com a realidade dos Céus, mas, para que isso aconteça, é necessário que nos apaixonemos pela Palavra.

CAPÍTULO 13
VOCÊ NASCEU PARA UM TEMPO COMO ESTE

Enquanto as mulheres chorarem, como choram agora, eu lutarei. Enquanto criancinhas passarem fome, como passam agora, eu lutarei [...]. Enquanto restar uma única alma nas trevas, sem a luz de Deus, eu lutarei. Eu lutarei até o último instante.

William Booth

Em um contexto de avivamento, quando discipulamos uma nação, é importante entender a necessidade de expansão do Evangelho do Reino por intermédio da excelência e do compromisso com a Verdade — a Palavra de Deus. Entretanto, tão crucial quanto estes é a compaixão pelos que sofrem. Não à toa, essa foi justamente a maneira como as Escrituras descreveram a atitude de Jesus em muitas ocasiões; Ele era movido por compaixão.

Neemias também foi um homem que decidiu agir pautado pela compaixão. Ele era judeu e vivia na Pérsia, servindo como copeiro do rei Artaxerxes. Assim que soube a respeito da destruição de Jerusalém e suas muralhas, tomou atitudes cruciais: confessou os pecados do povo, pediu perdão ao Senhor e intercedeu pelos israelitas, ou seja, levou a necessidade de seus irmãos diante de Deus. Observe que ele não foi um justiceiro, ao mesmo tempo que também não ficou passivo diante daquela situação. Antes de qualquer coisa, colocou-se em oração. Não podemos entrar em nenhum lugar em que nossas orações não tenham entrado primeiro.

Em Neemias 1, lemos:

> Veio Hanani, um de meus irmãos, com alguns de Judá; então, lhes perguntei pelos judeus que escaparam e que não foram levados para o exílio e acerca de Jerusalém. Disseram-me: Os restantes, que não foram levados para o exílio e se acham lá na província, estão em grande miséria e desprezo; os muros de Jerusalém estão derribados, e as suas portas, queimadas. Tendo eu ouvido estas palavras, assentei-me, e chorei, e lamentei por alguns dias; e estive jejuando e orando perante o Deus dos céus. (vs. 2-4)

Quando surpreendido pelas más notícias de sua amada Jerusalém, Neemias desfrutava de uma posição extremamente confortável no palácio — o que lhe garantia uma vida muito boa, além de um futuro tranquilo. Contudo, a Palavra nos mostra que ele, ao tomar conhecimento do sofrimento e da humilhação de seu povo, passou dias em oração, chorando e jejuando.

Agora, pare por um segundo, analise sua vida e responda: o que traz luto ao seu coração? O que provoca uma santa indignação dentro de você?

Não temos a opção de ficar em cima do muro. É impossível amar a Deus com todo o nosso coração sem nos indignarmos com o fato de que hoje há cerca de 40,3 milhões de pessoas sob escravidão moderna no mundo.[1] Não podemos dizer que tudo está bem enquanto os pobres da nossa nação são privados do acesso à escolaridade; enquanto muitas pessoas são brutalmente violentadas de inúmeras formas; enquanto o preconceito ainda parece ditar as regras em tantos ambientes.

Cristianismo confortável não existe. C. S. Lewis, um dos mais brilhantes e relevantes escritores e pensadores que já viveu, disse o seguinte a respeito do cristianismo: "Se você está procurando uma religião confortável, escolheu a religião errada".[2] O próprio Jesus é um Rei que se fez servo e morreu em uma cruz de braços abertos em nosso lugar, vertendo cada gota de Seu precioso sangue por nós. Você considera isso confortável?

Neemias, cujo nome significa "o Senhor conforta",[3] passou a viver o propósito para o qual nasceu quando resolveu deixar de lado sua comodidade, a fim de confortar os quebrantados de sua nação. Isso me leva a crer que nosso destino profético está além da nossa zona de conforto. A fé genuína nos empurra para o serviço. Ser cristão dentro de uma igreja é fácil, mas se colocar no lugar dos outros e dar voz aos que não a têm é outra coisa. Só o amor pode fazer algo semelhante ao que foi feito por Neemias; e a história segue nos contando que:

> No mês de nisã, no ano vigésimo do rei Artaxerxes, uma vez posto o vinho diante dele, eu o tomei para oferecer e lho dei; ora, eu nunca antes estivera triste diante dele. O rei me disse: Por que está triste o teu rosto, se não estás doente? Tem de ser tristeza do coração. Então, temi sobremaneira

---

[1] **Global Slavery Index 2018**. Publicado por *Walk Free*. Disponível em *https:// www.globalslaveryindex.org/resources/downloads/*. Acesso em março de 2022.
[2] LEWIS, C. S. **God in the dock**. Grand Rapids: Eerdmans, 2014.
[3] *NEEMIAS* [05166]. *In*: DICIONÁRIO bíblico Strong. Barueri: Sociedade Bíblica do Brasil, 2002.

e lhe respondi: viva o rei para sempre! Como não me estaria triste o rosto se a cidade, onde estão os sepulcros de meus pais, está assolada e tem as portas consumidas pelo fogo? Disse-me o rei: Que me pedes agora? Então, orei ao Deus dos céus e disse ao rei: se é do agrado do rei, e se o teu servo acha mercê em tua presença, peço-te que me envies a Judá, à cidade dos sepulcros de meus pais, para que eu a reedifique. Então, o rei, estando a rainha assentada junto dele, me disse: Quanto durará a tua ausência? Quando voltarás? Aprouve ao rei enviar-me, e marquei certo prazo. E ainda disse ao rei: Se ao rei parece bem, deem-se-me cartas para os governadores dalém do Eufrates, para que me permitam passar e entrar em Judá, como também carta para Asafe, guarda das matas do rei, para que me dê madeira para as vigas das portas da cidadela do templo, para os muros da cidade e para a casa em que deverei alojar-me. E o rei mas deu, porque a boa mão do meu Deus era comigo. (Neemias 2.1-8)

Em geral, as muralhas tinham dois tipos de utilidade: proteger contra os ataques inimigos e preservar a cultura interna, mantendo-a pura e livre da influência de outros povos. Por décadas e mais décadas, os muros da mídia, da família, da igreja, do governo e de todas as demais esferas da sociedade foram enfraquecidos ou destruídos. É nosso trabalho reconstruí-los. Precisamos de novos Neemias que erguerão muralhas de proteção ao redor de todas as áreas de influência da sociedade, principalmente de nossas famílias.

Apesar de ter sido movido por compaixão e recebido favor de Deus para levantar os muros, Neemias precisou abrir mão de sua posição privilegiada para fazer algo relevante. A caminhada cristã sempre exigirá sacrifício. No entanto, valerá a pena em todas as situações, afinal Jesus nos prometeu que os que têm fome e sede de justiça serão fartos (cf. Mateus 5.6).

Nosso amor pela justiça deve ser evidenciado pela manifestação de uma santa indignação contra a injustiça, e isso precisa ser mais forte do que o clamor pelo conforto. A respeito de Jesus, o autor de Hebreus nos diz que Ele não tinha apenas amor pelo que era justo, mas ódio pelo que era injusto: "Amaste a justiça e odiaste a iniquidade; por isso, Deus, o teu Deus, te ungiu com óleo de alegria, mais do que a teus companheiros" (Hebreus 1.9 – ARC).

Conforme já mencionamos, a abolição da escravidão foi uma consequência direta do avivamento que tocou a Inglaterra no século XVIII. William Wilberforce, o deputado mais jovem a entrar no parlamento britânico até então, teve um encontro com Jesus durante os primeiros anos em que trabalhou como político. Ele foi discipulado por um homem chamado John Newton, um ex-traficante de escravos que se rendeu a Cristo durante uma de suas viagens marítimas, quando o navio estava prestes a afundar. Ali, diante do caos, Newton se ajoelhou, clamou por perdão e misericórdia de Deus, e iniciou sua caminhada cristã. Alguns anos mais tarde, tornou-se pastor, sendo um dos responsáveis pela composição da incomparável canção *Amazing grace* [Maravilhosa graça].[4] Ele era um grande amigo de John Wesley, e discipulado por George Whitefield. Em um dos encontros com Newton, William Wilberforce expressou seu desejo de abrir mão da política para ser pastor e missionário. Após dizer aquelas palavras, foi repreendido de maneira veemente e incentivado a representar a voz de Deus por intermédio da esfera de governo. Então, voltou ao parlamento e fez da luta contra a

---

[4] NEWTON, John. **Amazing grace**. Vários intérpretes. NEWTON, John; COWPER, William. *Olney hymns*. Londres, 1779.

escravidão a sua causa de vida, falecendo três dias depois da aprovação do *Slavery Abolition Act,* que entrou em vigor no ano seguinte.[5] Seus esforços impactaram o mundo inteiro no que diz respeito à abolição da escravatura.

A maior tragédia de todas seria se ele fosse forçado ou optasse por ser pastor. A História teria sido bem diferente. Baseados nesse exemplo, nós, como Igreja, devemos estimular, encorajar e equipar os santos para ocupar e reformar todas as esferas da sociedade.

Em 24 de fevereiro de 1791, seis anos após William Wilberforce ter iniciado sua luta contra a escravidão, John Wesley enviou-lhe uma carta que, entre os principais conselhos, dizia:

> [...] a menos que Deus o tenha levantado para isto, você se sentirá exausto pela oposição de homens e demônios. Mas, se Deus estiver com você, quem poderá ser contra? Serão todos os homens juntos mais fortes do que Deus? Não se canse de fazer o bem! Siga em frente, no nome poderoso de Jesus, até que a escravidão possa ser banida de uma vez por todas.[6]

A excelência nos levará a posições de influência, porém não podemos nos esquecer dos motivos pelos quais o Senhor nos promoveu. Devemos expressar o Reino de Deus por meio de justiça, paz e alegria (cf. Romanos 14.17). Defender indefesos e falar por aqueles que não têm voz é essencial para o avivamento. Não se trata de assistencialismo, mas do poder que há no Evangelho para empoderar e mudar mentalidades.

---

[5] **William Wilberforce.** Publicado por *Britannica.* Disponível em *https://www.britannica.com/biography/William-Wilberforce.* Acesso em março de 2022.

[6] WESLEY, John. **O diário de John Wesley**: o pai do metodismo. São Paulo: Arte Editorial, 2005.

Quando Hamã influenciou o rei da Pérsia a emitir um decreto para promover destruição ao povo judeu, Mardoqueu se posicionou, lembrando a sua sobrinha Ester o real motivo pelo qual ela chegara à posição de rainha:

> Pois, se você ficar calada nesta hora, socorro e livramento surgirão de outra parte para os judeus, mas você e a família de seu pai morrerão. Quem sabe se não foi para um momento como este que você chegou à posição de rainha? (Ester 4.14 – NVI)

Como consequência do confronto, Ester arriscou a própria vida, entrando na presença do rei Assuero — mesmo que não tenha sido solicitada pelo soberano — para pleitear os direitos de seu povo. Ela recebeu graça do rei, e os judeus, grande livramento. A justiça celestial foi liberada quando Ester se posicionou. Quem sabe você não nasceu para ser mais do que um evangélico? Quem sabe você não nasceu para ser uma voz de justiça em nosso país? Quem sabe você não nasceu para fazer a diferença hoje? O Senhor quer nos comissionar para discipular nações. Fomos criados para mais do que apenas frequentar uma igreja. Devemos ser excelentes e estabelecer o Reino de Deus em nossas esferas de atuação.

Deus, oro para que o Senhor nos levante como reformadores apaixonados por Sua Palavra. Que cidades e nações sejam reconstruídas por nosso intermédio, e que muros sejam restaurados. Que o Espírito Santo nos capacite com unção e excelência para manifestar a beleza e a glória do Reino de Deus aqui na Terra. Oro também para que Ele nos levante como um Neemias para os dias atuais, tomado por uma santa indignação e paixão por Sua justiça, a fim de que as muralhas do Reino sejam levantadas nas mais diversas esferas da sociedade. Clamo para que o Senhor use as nossas vidas para discipular nações. Nós nascemos para um tempo como este. Portanto, que possamos nos levantar e resplandecer, e que a glória de Deus brilhe sobre nós. Que Ele nos proteja de toda oposição e ataque do Inimigo para que a paz, a justiça e a alegria do Espírito Santo sejam liberadas em todos os lugares por onde passarmos. Em nome de Jesus, amém!

PARTE IV
LEGADO E FAMÍLIA

CAPÍTULO 14
PONHA SUA CASA EM ORDEM

Um dia você ouvirá que Billy Graham morreu. Não acredite nisso. Naquele dia, eu vou estar mais vivo do que nunca. Terei apenas mudado de endereço.

Billy Graham

O avivamento, como vimos, é composto por três pontos: o despertar dos santos, a grande onda de salvação e o discipulado das nações, culminando em transformação social. Essas fases, no entanto, não podem ser vistas como algo gradativo. Precisamos estar sempre despertos espiritualmente (primeira fase), ao mesmo tempo em que nos envolvemos com a Grande Comissão, a fim de salvar almas (segunda fase) e transformarmos cidades e nações (terceira fase). De nada adianta ver a política ou a economia de um país ser alterada se perdemos o mais importante: o primeiro amor. O fogo do altar não pode se apagar enquanto treinamos líderes para impactar a sociedade. Isso quer dizer que essas etapas precisam caminhar de mãos dadas.

Além disso, o avivamento só tem espaço para se tornar verdadeiramente sustentável se preparar um terreno para a próxima geração. Não podemos nos esquecer de que nosso tempo de vida na Terra é limitado, e a única forma de perpetuar uma cultura saudável é por intermédio da construção de um legado que continuará apontando para Jesus, mesmo após a nossa morte. A maneira mais eficaz de fazer isso é por meio do nosso núcleo familiar. O avivamento tem poder para transformar nações, e o modo como Deus escolheu estabelecer o Seu governo foi usando a família. Não existe propósito em restaurar uma sociedade sem restaurar as famílias que a compõem.

Nos capítulos 1 e 2 do livro de Gênesis, assim que terminava de criar as coisas, Deus afirmava que aquilo era bom. Contudo, ao olhar para o homem, o Criador afirmou que não era bom que a obra-prima de Sua criação estivesse só (cf. Gênesis 2.18). Em outras palavras, após Seu perfeito trabalho, Deus analisou e constatou que debaixo da Criação algo não era bom: a inexistência da família. Então, Eva foi criada a partir da costela de Adão (cf. Gênesis 2.21-22). O Senhor deu a ele a incumbência de instituir o governo no Éden, o que nos mostra que a família era a estratégia divina original para estabelecer o Reino na Terra.

Adão esperava o fim da tarde para se encontrar com Deus naquele jardim. Hoje, temos o jardim dentro de nós e podemos desenvolver um estilo de vida de relacionamento com o Pai. No entanto, Ele não quer que isso pare em nós, afinal, o Senhor é alguém de promessas e legados. Por toda a Palavra, encontramos bênçãos, princípios e mandamentos passando de geração em geração, o que só confirma a relevância que a família e a descendência têm para Ele.

Sim, Deus quer tocar sociedades, mas também quer restaurar famílias. Seu desejo é levantar cristãos que tenham lares saudáveis e que apontarão para Jesus, pois a família é a Sua maior ferramenta para passar uma mensagem à próxima geração. Quando os israelitas saíram do Egito, o Senhor ordenou que eles contassem aos seus filhos a maneira como Ele os havia livrado das mãos de faraó (cf. Êxodo 13.8). Ao passar pelo Jordão, Deus ordenou que Israel construísse um memorial, que seria como uma fonte de testemunhos, a fim de que se lembrassem do que Ele realizara até ali:

> Para que isto seja por sinal entre vós; e, quando vossos filhos, no futuro, perguntarem, dizendo: Que vos significam estas pedras? Então, lhes direis que as águas do Jordão foram cortadas diante da arca da Aliança do Senhor; em passando ela, foram as águas do Jordão cortadas. Estas pedras serão, para sempre, por memorial aos filhos de Israel. (Josué 4.6-7)

Para os que não são casados e ainda não constituíram uma família, é essencial entender, desde já, a importância de estabelecer constantemente uma fonte de testemunhos para contar aos filhos aquilo que Deus fez e tem feito. É por intermédio da nossa própria vida e da Palavra que temos a oportunidade de discipular nossa família, ensinando o que é certo e o que é errado, de acordo com o que as Escrituras dizem. Imagine lares saudáveis, onde quem dita a maneira correta de viver dos filhos são os pais, e não a mídia ou os amigos da escola. Precisamos entender que somos responsáveis pela transmissão desse legado, conforme disse o salmista: "Uma geração contará à outra a grandiosidade dos teus feitos; eles anunciarão os teus atos poderosos" (Salmos 145.4 – NVI).

Diante disso, quando tratamos de cristianismo, precisamos ter em vista que ele não admite carreira solo. É como uma corrida de revezamento, não uma maratona individual. O revezamento 4 por 100, que vemos nas Olimpíadas, exemplifica perfeitamente essa realidade. Nessa prova, não interessa o quão bom um dos corredores seja; se ele não tiver uma equipe que o acompanhe e passe o bastão, não ganhará a corrida.

Temos de parar de pensar em um cristianismo que foca apenas em nós. Devemos olhar para os nossos filhos, para os filhos dos nossos filhos, para os filhos dos filhos dos nossos filhos. Precisamos viver o cristianismo pensando nas pessoas que serão impactadas por intermédio das nossas vidas e que nos considerarão como pais espirituais. Um cristão saudável faz discípulos e pensa em posteridade. O Senhor é multigeracional. Ele é o Deus de Abraão, Isaque e Jacó, e escolheu abençoar o mundo por meio de uma família: "Tornarei a sua descendência tão numerosa como o pó da terra. Se for possível contar o pó da terra, também se poderá contar a sua descendência" (Gênesis 13.16 – NVI).

Todos os grandes homens de Deus foram chamados para um fim específico. Noé foi convocado para construir uma arca; Moisés, para libertar um povo; Josué, para liderar o mesmo povo até a Terra Prometida; Davi foi ungido para ser rei; João Batista foi designado para preparar o caminho para o Messias. Já Abraão foi chamado para ensinar seus filhos e netos a seguirem as ordenanças do Senhor. Ou seja, o pai da fé foi chamado, em primeiro lugar, para ser pai. Em Gênesis 18, Deus Se manifesta a respeito do propósito para o qual Abraão foi escolhido:

> Abraão será o pai de uma nação grande e poderosa, e por meio dele todas as nações da terra serão abençoadas. Pois eu o escolhi, para que ordene

aos seus filhos e aos seus descendentes que se conservem no caminho do Senhor, fazendo o que é justo e direito, para que o Senhor faça vir a Abraão o que lhe havia prometido. (Gênesis 18.18-19 – NVI)

Somos herdeiros de Abraão (cf. Gálatas 3.29), o que nos garante que, quando recebemos Jesus, passamos a usufruir da mesma promessa feita a ele. O indicador de êxito do patriarca era o cumprimento das palavras do Senhor por intermédio de sua posteridade. De que adianta pregar para o mundo inteiro se os nossos filhos não conhecem a Cristo? Lembremos que Deus escolheu uma família para estabelecer uma nova aliança. Em Gênesis 6, a Palavra conta a história de Noé e sua casa, condicionando a reconstrução do mundo a partir deles: "Contigo, porém, estabelecerei a minha aliança; entrarás na arca, tu e teus filhos, e tua mulher, e as mulheres de teus filhos" (Gênesis 6.18).

Logo, existe uma necessidade e urgência em nossa geração de pensar em legado. Ao contrário do que muitos acreditam, não devemos começar a nos preocupar com o que deixaremos para nossos filhos e netos apenas quando completarmos 89 anos de idade. O legado é construído hoje. Agora é o momento de nos prepararmos para sermos bons pais, boas mães, maridos, esposas, e assim por diante. Era isso o que Pedro queria que entendêssemos ao escrever 2 Pedro 1.12-15:

> Por isso, sempre terei o cuidado de lembrar-lhes estas coisas, se bem que vocês já as sabem e estão solidamente firmados na verdade que receberam. Considero importante, enquanto estiver no tabernáculo deste corpo, despertar a memória de vocês, porque sei que em breve deixarei este tabernáculo, como o nosso Senhor Jesus Cristo já me revelou. Eu me

empenharei para que, também **depois da minha partida**, vocês sejam sempre capazes de lembrar-se destas coisas. (NVI – grifo do autor)

Pedro tinha um compromisso com a posteridade, ainda que não fosse ver plenamente maduros os frutos pelos quais estava lutando. O apóstolo se empenhou para que o impacto de seu ministério continuasse influenciando as próximas gerações. Acredito que ele tenha alcançado sucesso nesse quesito.

O capítulo 11 do livro de Hebreus nos conta sobre os heróis da fé, homens e mulheres que viveram para realizar um propósito, e o fizeram de tal forma que deixaram um nobre legado. Muitos morreram sem ver o cumprimento da promessa. Moisés, por exemplo, um dos que fazem parte dessa lista enorme de pessoas dos quais o mundo não era digno, foi fiel, mesmo sabendo que não entraria na Terra Prometida. Ele estava comprometido com as futuras gerações.

Precisamos cultivar uma mentalidade de luta por aquilo que não veremos em plenitude; um legado que continuará apontando para Jesus mesmo quando nós partirmos desta Terra. Será que você está disposto a viver por algo que não verá o cumprimento? A lutar por coisas cujos frutos talvez nunca colha? A pagar o preço para que somente seus filhos, netos, bisnetos e outros descendentes recebam o resultado? É hora de nos levantarmos para equipar e empoderar nossos sucessores, a fim de que deem sequência ao mover que estamos vivendo hoje, pois o sucesso deles será a prova de nosso êxito.

Quando lemos os capítulos 18 e 19 de 2 Reis, encontramos o trágico e significativo exemplo de consequências que foram colhidas por alguém que não pensou em legado. Essa passagem relata a vida do rei Ezequias, que governou durante 29 anos e foi, provavelmente, o segundo melhor rei da história de Judá. As Escrituras narram que ele viu o agir de Deus de maneira poderosa, destruindo 185 mil assírios quando Jerusalém estava sitiada por Senaqueribe e seu exército. Ezequias reabriu as portas do templo e organizou a maior celebração da Páscoa desde os dias de Salomão; a festa durou 14 dias. Além disso, quebrou santuários e altares a ídolos, apagando, assim, a prática pagã. Ele também destruiu a serpente feita por Moisés, que estava sendo adorada pelo povo (cf. Números 21.8-9; 2 Reis 18.4), e restaurou o sacrifício de animais para expiação de pecados (cf. 2 Crônicas 29-30). Entretanto, apesar de todos os seus feitos como rei, Ezequias foi avisado pelo profeta Isaías de que morreria em breve:

> Naqueles dias, Ezequias adoeceu de uma enfermidade mortal; veio ter com ele o profeta Isaías, filho de Amoz, e lhe disse: Assim diz o Senhor: Põe em ordem a tua casa, **porque morrerás e não viverás**. Então, virou Ezequias o rosto para a parede e orou ao Senhor, dizendo: Lembra-te, Senhor, peço-te, de que andei diante de ti com fidelidade, com inteireza de coração, e fiz o que era reto aos teus olhos; e chorou muitíssimo. Antes que Isaías tivesse saído da parte central da cidade, veio a ele a palavra do Senhor, dizendo: Volta e dize a Ezequias, príncipe do meu povo: Assim diz o Senhor, o Deus de Davi, teu pai: Ouvi a tua oração e vi as tuas lágrimas; eis que eu te curarei; ao terceiro dia, subirás à Casa do Senhor. Acrescentarei aos teus dias quinze anos e das mãos do rei da Assíria te livrarei, a ti e a esta cidade; e defenderei esta cidade por amor de mim e por amor de Davi, meu servo. (2 Reis 20.1-6 – grifo do autor)

Deus não estava interessado no quanto de sobrenatural Ezequias tinha visto, nem no fato de que ele havia sido um grande rei. Mesmo com tudo isso, ele precisava colocar a casa em ordem, porque tinha pouco tempo de vida. Naquele momento, o rei teve duas convicções: de que morreria e de que lhe restavam quinze anos para "arrumar a sua casa", a fim de preparar um terreno para seu sucessor. Quem não colocou em ordem a própria casa não está pronto para morrer. Reflita um pouco a respeito da seriedade dessa história. Apesar de a morte ter batido à porta de Ezequias, Deus resolveu conceder-lhe mais quinze anos para estabelecer ordem e governo em seu lar. E por que isso é tão importante? Porque não adianta ganhar o mundo inteiro e perder nossa família.

De acordo com Paulo, essa era a característica essencial que Timóteo deveria observar na escolha de novos líderes: homens que governassem bem a própria casa, porque aquele que não soubesse governá-la, não poderia administrar a casa do Senhor (cf. 1 Timóteo 3.2-5). Quer conhecer um homem ou mulher de Deus? Observe como ele ou ela trata seu cônjuge ou seus pais, porque é no convívio com os familiares que as pessoas revelam quem realmente são, sem qualquer máscara. Não importa quantas profecias já acertamos ou quantas vezes fomos usados para curar os enfermos; no ambiente da igreja, todos somos fervorosos e cheios de unção, mas é em casa que estabelecemos ou não o governo de Deus.

É interessante o modo como a história se desenrola, dando oportunidade para Ezequias investir em seu legado por meio do discipulado de seu filho Manassés. Contudo, no caminho, o Senhor resolveu testá-lo através da vinda dos babilônios. Depois disso, Isaías o visitou novamente:

> Perguntou ele [o profeta]: Que viram em tua casa? Respondeu Ezequias: Viram tudo quanto há em minha casa; coisa nenhuma há nos

meus tesouros que eu não lhes mostrasse. Então, disse Isaías a Ezequias: Ouve a palavra do Senhor dos Exércitos: Eis que virão dias em que tudo quanto houver em tua casa, com o que entesouraram teus pais até ao dia de hoje, será levado para a Babilônia; não ficará coisa alguma, disse o Senhor. Dos teus próprios filhos, que tu gerares, tomarão, para que sejam eunucos no palácio do rei da Babilônia. Então, disse **Ezequias a Isaías: Boa é a palavra do Senhor que disseste. Pois pensava: Haverá paz e segurança em meus dias.** (Isaías 39.4-8 – acréscimo e grifo do autor)

Naqueles dias, sabendo da recuperação de Ezequias, o rei da Babilônia decidiu fazer uma visita e levar presentes. Em troca, o rei de Judá mostrou tudo o que possuía, desde o palácio até seus tesouros. Essa atitude nos ensina uma lição preciosa: não precisamos contar ou mostrar aos outros tudo o que Deus tem nos falado em secreto. Infelizmente, foi o que o rei Ezequias fez.

Não só isso, mas os versículos seguintes relatam que, mesmo com a profecia de Isaías em relação ao cativeiro babilônico, o rei comemorou o fato de que a destruição e servidão não viriam em seu tempo, provando seu desprezo pela próxima geração, e também o egoísmo de seu coração. Ezequias não se importava com seus sucessores, contanto que existisse paz e segurança enquanto ele vivesse. Ele não tinha a menor perspectiva ou apreço pelo legado que deixaria, tampouco por sua família; não estava preocupado em passar o bastão.

A Bíblia nos conta que seu filho, Manassés, começou a reinar aos doze anos, o que indica que ele nasceu três anos após a palavra profética de cura que Ezequias recebeu. Ou seja, o rei teve doze anos para discipular e treinar o próximo líder da nação. É interessante que Jesus teve apenas três para preparar

Seus discípulos. Apesar do acréscimo de quinze anos de vida e dos grandes benefícios que o reinado de Ezequias trouxe ao povo de Israel, Manassés foi o pior rei que aquela nação teve. Ele reconstruiu altares a Baal, sacrificou seus próprios filhos a outros deuses, consultou médiuns e derramou sangue inocente por todas as partes de Jerusalém (cf. 2 Reis 21.1-18; 2 Crônicas 33.1-20). A tradição afirma, inclusive, que ele foi responsável pelo assassinato do profeta Isaías, cerrando-o em pedaços.[1] Em apenas uma geração, Manassés conseguiu destruir tudo o que seu pai havia edificado. Anos mais tarde, o cativeiro babilônico veio como consequência de tudo o que ele tinha feito:

> Então o Senhor me disse: "Ainda que Moisés e Samuel estivessem diante de mim, intercedendo por este povo, eu não lhes mostraria favor. Expulse-os da minha presença! Que saiam! [...] Eu farei deles uma causa de terror para todas as nações da terra, por tudo o que Manassés, filho de Ezequias, rei de Judá, fez em Jerusalém". (Jeremias 15.1-4 – NVI)

O cativeiro babilônico foi gerado dentro da casa de Ezequias — um excelente rei, mas péssimo pai, que falhou em gerar um bom legado. Não podemos nos esquecer de que a estratégia de Deus é restaurar a Terra usando nossa família. Talvez você tenha crescido em um lar problemático, disfuncional e falido, mas isso não sentencia o seu futuro, porque o Senhor quer lhe dar uma nova herança. Nós sempre temos uma escolha, e podemos decidir ser pessoas que produzirão um legado digno para as próximas gerações.

---

[1] BÍBLIA. Português. **Bíblia de estudo nova versão transformadora**. Tradução de Susana Klassen et al. São Paulo: Mundo Cristão, 2018. p. 648 e 2030.

A qualidade de um líder é medida em sua ausência. É nela que enxergamos o legado deixado. Foi exatamente o que Jesus testificou: "[...] convém-vos que eu vá, porque, se eu não for, o Consolador não virá para vós outros; se, porém, eu for, eu vo-lo enviarei. Quando ele vier, convencerá o mundo do pecado, da justiça e do juízo" (João 16.7-8). Após três anos treinando os discípulos, Ele garantiu que o sucesso deles seria muito maior sem a Sua presença física. Antes, usufruíam dos ensinamentos sob Sua presença corpórea, mas, a partir dali, o Espírito Santo estaria dentro deles. Jesus foi um líder tão eficaz, que chegou ao ponto de afirmar que Seus seguidores fariam obras maiores do que Ele havia realizado (cf. João 14.12). Seu modelo nos garante um avivamento sustentável, que perdurará e se intensificará ao longo dos anos.

Os discípulos de Cristo foram gerados através de um relacionamento próximo, e não porque O assistiam curar os enfermos, realizar sinais e maravilhas e ministrar para milhares. A multidão não deve ofuscar a necessidade que temos de fazer discípulos. Muitos avivamentos não tiveram longa duração por falta de formação de sucessores.

É fundamental compreendermos a necessidade e a relevância da proximidade no contexto de Atos 2, onde encontramos a "receita para o avivamento". Ali, a Igreja estava vivendo uma grande expansão numérica. Sinais e maravilhas eram comuns entre o povo, e havia um grande mover de alegria e generosidade. Além disso, oração, ensino e adoração faziam parte da vida dos discípulos. Mas é importante nos lembrarmos, também, de que foram dois ambientes que proporcionaram todos esses acontecimentos — o templo e as casas:

> Os que aceitaram a mensagem foram batizados, e naquele dia houve um acréscimo de cerca de três mil pessoas. Eles se dedicavam ao ensino dos apóstolos e à comunhão, ao partir do pão e às orações. Todos estavam cheios de temor, e muitas maravilhas e sinais eram feitos pelos apóstolos. Todos os que criam mantinham-se unidos e tinham tudo em comum. Vendendo suas propriedades e bens, distribuíam a cada um conforme a sua necessidade. Todos os dias, continuavam a reunir-se no pátio do templo. Partiam o pão em suas casas, e juntos participavam das refeições, com alegria e sinceridade de coração, louvando a Deus e tendo a simpatia de todo o povo. E o Senhor lhes acrescentava diariamente os que iam sendo salvos. (Atos 2.41-47 – NVI)

A força da Igreja do Novo Testamento estava centrada no templo e nas casas. O templo promovia a salvação de milhares, enquanto as casas representavam famílias que eram facilitadoras do avivamento, criando ambientes de comunhão e discipulado. Em Atos 12, Pedro, depois de ser miraculosamente liberto da prisão, dirigiu-se à casa de Maria, mãe de João Marcos, onde cristãos estavam reunidos em oração. Pedro bateu à porta e foi reconhecido pela serva da casa. Não obstante, as pessoas que estavam ali não acreditaram que fosse ele; pensaram que, na verdade, aquele seria o seu anjo (cf. v. 15). Pense um pouco sobre isto: se era mais fácil acreditar que quem batia à porta era um anjo, e não o próprio Simão, provavelmente essas famílias estavam acostumadas com o sobrenatural, então visões, curas, sinais e maravilhas deveriam acontecer com frequência.

Essa também deve ser nossa realidade, mas nunca podemos nos esquecer de que o avivamento só será sustentável se atingir nossa família. Imagine se nossa casa se tornasse uma verdadeira "casa dos tempos de Atos", a extensão do Céu na

Terra. Não precisaríamos, necessariamente, conduzir amigos para eventos ou cultos, para serem salvos ou libertos. O simples fato de frequentarem nosso lar e experimentarem amor, paz e alegria em proporções inexistentes em qualquer outro lugar, a não ser em ambientes onde o Reino de Deus está presente, seria o suficiente para libertar os cativos, por exemplo. Nosso lar deve ser a extensão do templo. Quando isso acontecer, ele será o centro de treinamento para os próximos avivalistas.

Essa estratégia não foi adotada apenas pela Igreja Primitiva, mas também por John Wesley. Um dos fatores que provocou o enorme avanço do Reino na escura Inglaterra, durante o Primeiro Grande Despertar, foi justamente o ambiente promovido nos lares, onde milhares de avivalistas e reformadores foram treinados e equipados. O movimento metodista continuou crescendo e se multiplicando após a morte de John Wesley, pois ele foi intencional em impactar as casas.

Myles Munroe dizia que "Sucesso sem um sucessor é um fracasso".[2] Se você quer causar um grande impacto no mundo, seja cheio do Espírito Santo, cumpra a Grande Comissão descrita em Marcos 16 e Mateus 28, e não se esqueça de colocar sua casa em ordem. Um dia, morreremos, mas nossos filhos biológicos e espirituais darão sequência àquilo que estávamos construindo.

Você só está lendo este livro hoje porque homens de Deus se importaram em deixar um legado digno de ser seguido e passaram o bastão para gerações seguintes. Isso começou milhares de anos atrás, em Gênesis 12, quando Deus escolheu um pai:

---

[2] **O verdadeiro legado de um líder – Dr. Myles Munroe.** Youtube, 2016. Disponível em *https://www.youtube.com/watch?v=RSIMM5BsJLU*. Acesso em março de 2022.

Abraão. O bastão passou de Abraão para Isaque, que o passou para Jacó, que o entregou aos seus doze filhos. A herança, então, passou para Moisés, que a transferiu para Josué, que liderou o povo até a Terra Prometida. Ali, Deus levantou reis e juízes, como Gideão, que passaram o bastão até chegar em Samuel, Davi e os profetas, como Isaías, Jeremias, Oseias e Malaquias. O bastão correu a história da fé até chegar nas mãos de João Batista, que declarou: "[...] Eis o Cordeiro de Deus, que tira o pecado do mundo!" (João 1.29). Então, finalmente, o bastão chegou até Jesus, que, após Sua morte e ressurreição, entregou-o aos Seus discípulos e a Paulo. Eventualmente, o bastão chegou em Wycliffe, John Huss, Martinho Lutero, Zwinglio e John Knox. Nomes, como Jonathan Edwards, John Wesley, Charles Finney, William Booth, Evan Roberts, William Seymour e Billy Graham foram outros que receberam o bastão e passaram adiante, até que chegasse a nós. Por isso, não negligencie a luta, o sofrimento, o sangue e o alto preço que tantos homens e mulheres pagaram para que esse bastão chegasse até você. Comece hoje; prepare-se agora. Construa o seu legado, porque o avivamento que você está recebendo nestes dias não vai parar em você.

É urgente entender que não estamos correndo somente pela nossa própria vida, mas pelas gerações que ainda não nasceram. Justamente por esse motivo, desistir não é uma opção para nós. Quando estiver desanimado, lembre-se de que Jesus suportou a dor e a vergonha da cruz para passar esse bastão a você:

> Portanto, também nós, uma vez que estamos rodeados por tão grande nuvem de testemunhas, livremo-nos de tudo o que nos atrapalha e do pecado que nos envolve, e corramos com perseverança a corrida que nos é

proposta, tendo os olhos fitos em Jesus, autor e consumador da nossa fé. Ele, pela alegria que lhe fora proposta, suportou a cruz, desprezando a vergonha, e assentou-se à direita do trono de Deus. (Hebreus 12.1-2 – NVI)

O bastão, finalmente, chegou em suas mãos, e será passado de geração em geração até que todos os reinos desta Terra se tornem o Reino do nosso Senhor. Portanto, coloque a casa em ordem e faça parte disso. Ele conta com você. Afinal, quem sabe você não nasceu para mudar a História? O Senhor está o chamando, e tudo o que você precisa dizer é: "Sim!".

Senhor, fortaleça a nossa vida, a fim de que corramos com perseverança essa corrida. Encha o nosso coração de visão, senso de urgência e amor pela próxima geração. Pai, levante famílias que sejam o reflexo do Reino dos Céus na Terra; que o nosso casamento seja a representação do casamento de Jesus com Sua Noiva. Clamo, também, para que nossa posteridade vá mais longe do que fomos; que nossos filhos corram mais rápido do que nós e que o Senhor nos dê a capacidade de fazer discípulos parecidos com Jesus. Declaro que seremos como pais para a geração atual, que nossos filhos povoarão a Terra, e passarão esse bastão de geração em geração, até a volta do nosso Rei Jesus Cristo. Em nome de Jesus, amém!

BIBLIOGRAFIA

REFERÊNCIAS BIBLIOGRÁFICAS

BAKER, Heidi. **Constrangido pelo amor**. Rio de Janeiro: Lan Editora, 2014.

BONNKE, Reinhard. **Evangelismo por fogo**: acendendo a sua paixão pelo perdido. Curitiba: Editora CfaN Brasil, 2021.

COPE, Landa. **Template Social do Antigo Testamento**: redescobrindo princípios de Deus para discipular as nações. 3. ed. Curitiba: Editora Jocum Brasil, 2011.

CUNNINGHAM, Loren. **The book that transforms nations**. EUA: Ywam Publishing, 2014.

DICIONÁRIO bíblico Strong. Barueri: Sociedade Bíblica do Brasil, 2002.

ENCYCLOPEDIA Britannica. Disponível em *https://www.britannica.com/*. Acesso em março de 2022.

GLOBAL Slavery Index. Publicado por *Walk Free*. Disponível em *https://www.globalslaveryindex.org/resources/downloads/*. Acesso em março de 2022.

JOCUM. Disponível em *https://jocum.org.br/*. Acesso em março de 2022.

JOHNSON, Bill. **Momentos decisivos**: encontros de Deus com pessoas comuns que mudaram o mundo. Brasília: Chara, 2016.

LIARDON, Roberts. **Generais de Deus**: por que tiveram sucesso e por que alguns falharam. São Paulo: The Way Books, 2021.

_____. **Generais de Deus**: Os reformadores estrondosos. 1. ed. Belo Horizonte: Bello Publicações.

LLOYD-JONES, D.M. **Avivamento**. 2. ed. São Paulo: PES--Publicações Evangélicas Selecionadas, 1993.

_____. **What is Revival?** Publicado por *O Christhian*. Disponível em *http://articles.ochristian.com/article1651.shtml*. Acesso em março de 2018.

MENSAGEIROS da verdade de Cristo. Disponível em *https://mensageirosvc.wordpress.com/2013/12/27/frases-de-grandes-homens--de-deus/*. Acesso em março de 2018.

MISKOV, Jennifer A. **Azusa em chamas**: Prepare-se para um novo avivamento. Brasília: Chara Editora, 2017.

RAVENHILL, Leonard. **Por que tarda o pleno avivamento?** Belo Horizonte: Editora Betânia, 1989.

SANTOS, Vantuil G. dos. **Lutero**: época, vida, legado. Rio de Janeiro: CPAD, 2020.

THE JUSTICE Movement. Disponível em *https://thejusticemovement.org/*. Acesso em março de 2022.

WESLEY, John; ZINZENDORF, Conde; WILBERFORCE, William. **Avivamento e a santidade**: praticando a presença. Organizadores: Edino Melo, Edilson Silva e Elcio Lodos. Campinas: Editora Transcultural, 2015.

WESLEY, John. **O diário de John Wesley**: o pai do metodismo. São Paulo: Arte Editorial, 2005.

WILLIAMS, J. Rodman. **Teologia sistemática**: Uma perspectiva pentecostal. 1. ed. São Paulo: Ed. Vida, 2011.

WILLMINGTON, Harold. **Guia de Willmington para a Bíblia**: um ensino bíblico completo. 1. ed. Rio de Janeiro: Editora Central Gospel, 2015. v. 1.

Este livro foi produzido em Adobe Garamond Pro 12 e
impresso pela Gráfica Promove sobre papel Pólen Soft 70g
para a Editora Quatro Ventos em Junho de 2025.